中国财政科学研究院智库丛书

公共债务与财政风险

——中日财政智库研讨会（2017）成果汇编

中国财政科学研究院　编

中国财经出版传媒集团
中国财政经济出版社

图书在版编目（CIP）数据

公共债务与财政风险：中日财政智库研讨会（2017）成果汇编/中国财政科学研究院编．—北京：中国财政经济出版社，2018.10

（中国财政科学研究院智库丛书）

ISBN 978－7－5095－8533－7

Ⅰ．①公… Ⅱ．①中… Ⅲ．①国债－研究－中国、日本②财政管理－风险管理－研究－中国、日本 Ⅳ．①F812②F813.13

中国版本图书馆 CIP 数据核字（2018）第 216399 号

责任编辑：胡 博 续 磊　　　责任校对：杨瑞琦

中国财政经济出版社 出版

URL: http://www.cfeph.cn

E-mail: cfeph@cfeph.cn

（版权所有　翻印必究）

社址：北京市海淀区阜成路甲 28 号　邮政编码：100142
营销中心电话：010-88191537　北京财经书店电话：64033436　84041336
中煤（北京）印务有限公司印刷　各地新华书店经销
787×1092 毫米　16 开　11.75 印张　201 000 字
2018 年 10 月第 1 版　2018 年 10 月北京第 1 次印刷
定价：48.00 元
ISBN 978－7－5095－8533－7
（图书出现印装问题，本社负责调换）
本社质量投诉电话：010-88190744
打击盗版举报热线：010-88191661　QQ：2242791300

中国财政科学研究院智库丛书

编　委　会

编委会主任　刘尚希
编委会委员　罗文光　　白景明　　傅志华
　　　　　　　程北平　　杨远根

总　　序

党的十八届三中全会在明确"完善和发展中国特色社会主义制度，推进国家治理体系和治理能力现代化"这一全面深化改革总目标的同时，提出了"财政是国家治理的基础和重要的支柱"的重要判断，充分彰显出财政在国家治理现代化之中的地位与作用。

强调发挥财政在国家治理中的基础和重要支柱作用，是与我国经济社会发展阶段相联系的。在改革开放初期，政府的作用是促进改革和开放，财政改革主要是推动政府职能转换、改进政府与市场关系，让市场在资源配置中发挥更大的作用。随着我国经济社会转型进入新的阶段、国家实力逐渐增强以及大国财政使命的提出，财政在改革和发展中的作用日趋多样化、全方位，涉及经济、政治、社会、文化、生态文明建设各个领域。

在市场经济不断发展的基础上，社会结构及其整个上层建筑都发生了极大变化，社会成员利益关系变得复杂起来。在经济进入新常态的背景下，这种复杂的利益关系对于财政在国家治理中作用的发挥是一个新的考验。改革开放初期，财政政策着眼于关注国内，对于国际环境关注不多，现在财政政策的一举一动都对世界经济产生重要影响；改革开放初期，财政主要解决温饱问题，经济建设成为财政工作的突出任务，现在财政既要解决发展问题，又要解决改革问题，经济、政治、文化、社会和生态文明要协同发展；改革开放初期，中央和地方财政实力虽然都较弱，但地方政府债务也少，现在国家财政实力快速扩张过程中也面临着地方政府债务特别是或有债务快速扩张的问题，财政自身可持续性发展面临挑战。

财政作为国家治理的基础正在发生多维变化。改革开放初期，财政主要从经济维度发挥国家治理基础性作用，主要是处理好政府与市场的关系；在经济社会转型、利益关系多元化背景下，财政要从多维度支撑国家治理：既有国家与市场的维度，也有国家与社会（个人）的维度，以及公共部门内部（包括中央与地方、政府部门之间）的维度。

随着财政发挥作用的多维变化，财政理念也随之发生变化。改革开放初期，政府在市场失灵的领域提供公共服务；随着时代的进步，政府承担的各种责任（城镇化、养老、医疗、教育、环境保护等）在不断增加，在政府能力有限的情况下，政府与社会资本合作呼之欲出。政府和社会资本合作打破了传统主流经济学、财政学的基本看法：政府与市场是水火不相容的，二者是对立的；公共服务领域是市场失灵的领域，只能由政府来干。过去注重政府与市场之间的分工，现阶段则注重在分工基础上的合作。政府与市场关系需要进行再改革，一些新的问题又随之产生：在多元主体提供公共服务的同时如何保障社会公共利益，如何理顺政府与社会的关系，如何理顺政府内部如中央和地方之间、政府各部门之间的关系等。财政全方位、深层次嵌入国家治理体系和治理能力现代化之中，带来了许多需要用全新理论诠释的问题，也考验着各方面的智慧。

面对新阶段、新形势和新任务，财政如何有效支撑和推动国家治理现代化更需要新思路、新思想，财政智库或财政思想库也应运而生。可以说，财政智库是财政有效支撑和推动国家治理现代化的思想源泉，也是点亮财政作用于国家治理的"智慧之灯"。发达国家在财政现代化和国家治理体系与治理能力现代化过程中，财政智库的作用功不可没。要发挥好财政作为国家治理基础与重要支柱的职能作用，财政智库的基础性作用更是不可替代。

第一，财政智库是推进国家治理决策的科学化、民主化和法制化的重要支撑。当前，全面建成小康社会进入决定性阶段，破解财政改革发展稳定难题和应对全球性问题的复杂性艰巨性前所未有，迫切需要健全中国特色的财政决策支撑体系，大力加强财政智库建设，以财政科学咨询支撑财政治理的科学决策、民主决策和依法决策，以财政科学决策引领科学发展。

第二，财政智库是国家治理体系和治理能力现代化的重要内容。纵观当今世界各国现代化发展历程，智库在国家治理中发挥着越来越重要的作用，日益成为国家治理体系中不可或缺的组成部分，是国家治理能力的重要体现。全面深化改革，推进国家治理体系和治理能力现代化，推动协商民主广泛多层制度化发展，建立更加成熟更加定型的制度体系，必须切实加强中国特色新型财政智库建设，充分发挥智库在治国理政中的重要作用。

第三，中国特色新型财政智库是国家软实力的重要组成部分。一个大国的发展进程，既是经济等硬实力提高的进程，也是思想文化等软实力提高的进程。智库是国家软实力的重要载体，越来越成为国际竞争力的重要因素，在对外交往中发挥着不可替代的作用。树立社会主义中国的良好形象，推动中华文化和当代中国价值观念走向世界，在国际舞台上发出中国声音，迫切需要发挥中国特色财政新型智库在公共外交中的重要作用，不断增强我国在国际财经和公共事务的国际影响力和国际话语权。

正是考虑到智力资源是一个国家、一个民族最宝贵的资源，考虑到我国智库发展面临的各种瓶颈，2015年1月，中共中央办公厅、国务院办公厅印发了《关于加强中国特色新型智库建设的意见》，提出加强智库建设整体规划和科学布局，统筹整合现有智库优质资源，重点建设50～100个国家急需、特色鲜明、制度创新、引领发展的专业化高端智库。

中国财政科学研究院的前身财政部财政科学研究所（财科所），于1956年根据毛泽东主席的指示而成立，2016年2月正式更名。60年前财科所成立之初，就定位为政府部门的政策咨询机构，以探索我国财政经济问题和培养财政、会计专门人才为己任，为党中央和国务院中心工作服务，为财政经济发展的现实服务。为此，一代又一代财政科研人员为我国财政科研事业做出重要贡献。60年后的今天，中国财政科学研究院正致力于转型、创新，努力创建一流新型智库。

根据智库建设与发展的规划，本院推出"中国财政科学研究院智库丛书"。该丛书内容既包括本院各年度重要《研究报告》的文集，也包括本院承担完成的一些重大科研项目成果,以及本院研究人员研究、撰写的各类专著。目的在于集中展示财科院的科研成就,扩大科研成果的宣传和社会效果,全面提升财科院的智库影响力。

不忘初心,砥砺前行。我们将明确智库建设的宗旨,在传承既有科研优势和办院特色的基础上,探寻新型高端智库建设的途径,潜心探索财政与国家治理的新理论、新观点、新思路、新对策,与各界同仁一道,共同致力于现代财政制度建设,开创国家治理现代化之美好未来。

"中国财政科学研究院智库丛书"编委会

2016 年 7 月

序

政府债务快速扩大，压缩了财政空间

为应对2008年的国际金融危机，世界各国纷纷实施了扩张性财政政策，通过政府举债救援方式来托举经济和稳定金融，避免危机蔓延扩大加深。这缓解了金融危机带来的冲击，但同时也使得各国政府债务规模快速扩大，成为财政风险的重要来源，压缩了财政空间，对财政的可持续性构成重大威胁。

金融危机暂时平复，却使得公共债务风险成为经济运行的新的不确定因素。欧洲主权债务危机就是2008年国际金融危机的"后遗症"之一，对世界经济的拖累十分明显。美国的"财政悬崖"问题虽得以缓解，但以减税为主的新财政政策，其效果也存在不确定性，可能造成财政收支失衡、国际贸易失衡及收入分配不平加剧等等问题。日本政府债务在世界主要经济体中居最高水平，虽然没有出现欧洲式的债务危机，并不代表其庞大负债是安全的。中国的地方政府债务虽然仍处在可控区间，但隐性或有负债的不透明遮蔽了风险，隐匿的政府连带责任风险不容忽视。

公共债务风险既有显性的，也有隐性的

公共债务风险决不是我们表面上看到的那样。中国古诗有云：横看成岭侧成峰，远近高低各不同。意思是说，视角不同，看到景物就不同。公共债务风险也是这样，从不同的角度、不同的层次，会看到不同的公共债务风险。我们在以往研究的基础上，把分析公共债务风险的视角拓展到更深层次，提出了公共债务的"冰山模型"。我们知道，一座冰山，真正露出水面的只是少部分，大部分是隐藏在水面之下，难以直接看到。如果仅从水面之上的冰山来判断其威胁程度，显然会忽视更大的风险。

用"冰山模型"来表示公共债务的风险，较直观，也贴切。直接显性债务和或有显性债务，是法律或合同所确认的，我们能够相对准确地测度其规模、水平与结构。这好比是债务冰山上半部分，具有显著的确定性。冰山水面下的债务是不确定的，它包括直接隐性债务和或有隐性债务，是政府政治承诺或作为公共主体的道义责任而形成的，很难准确测度其规模与结构。

"冰山模型"揭示了公共债务风险的两个层次：显性风险和隐性风险。这不仅会扩大政府财政风险，威胁政府财政的可持续性，而且会对经济增长、经济金融稳定带来不确定性影响，对外贸、汇率、金融机构也会产生衍生性风险。公共债务的显性风险是基于过去事项产生的偿债风险，而隐性风险将来自于未来经济风险、社会风险、金融风险的转化。财政具有公共风险的兜底责任，经济、社会、金融、环境等各领域的公共风险在一定制度条件下可能会转化为财政的未来支出责任。这尽管不属于过去交易事项形成的偿付责任，但各类公共风险依然会形成未来支出责任，具有与债务偿付类似的性质。无论那种类型，公共债务风险都是政府应对经济、社会等公共风险的结果，实际上是把经济和社会等领域的公共风险以债务为政策工具转移到了政府财政身上，以降低公共不确定性和公共风险成本。但这种风险转移是有限度的，过度利用债务来转移转化公共风险，反过来会扩大公共风险，所谓物极必反。所以，无论是防范化解经济风险、金融风险，还是公共债务风险，实际上都有一个"防范风险的风险"问题，即操作性风险，我们在应对公共风险、债务风险的过程中，必须重视这个问题，避免在公共风险管理中"按下葫芦起了瓢"。

地方政府债务风险迅速扩大，反映了国家治理的不完善

政府债务虽然表现为财政问题，实际上是国家治理问题。从中国的实际情况看，地方政府债务风险迅速扩大，与公共部门内部职责划分密切相关，责权利关系的不确定性仍是当前面临的重大问题。一是中央与地方之间的事权、支出责任划分改革仍未完成。当前，中国的政府间财政关系成为改革的一大难题，其复杂性、艰难性远超其他改革。地方政府债务扩张也就是在这个背景下产生的。二是政府目标与财政风险之间的协调在地方层面缺乏制度规则。地方政府主要依据辖区公共风险诸如就业、增长、环境、扶贫等等来考虑财政安排，对财政风险的防范缺乏制度规则，往往依赖于中央层面的控制。在信息不对称条件下，地方债务问题往往等到相当严重的程度才被发现和引起重视，导致地方财政风险出现周期性的反弹。三是政府部门之间的沟通协调机制不完善。各个领域的风险表现形式不一样，各政府部门基于防范风险所确定的目标就不一样，预算需求也就存在差别。这就会使各级政府部门的财政活动与财政部门所要求的财政风险控制目标不相吻合。由于预算对政府各部门的约束力较弱，财政部门的政策协调能力不强，财政的整体功能往往被肢解。

在这次研讨会上，田中修先生通过回顾日本政府债务的历史，总结了公共债务管理的四个教训：一是不能发生经济危机就扩大债务规模；二是不能松懈所坚持的削减财政支出的措施；三是应当对财政重建有坚强的决心和实施能力；四是财政重构要有历史跨越的责任感。这一总结不仅十分准确，而且也告诉我们，管控公共债务膨胀，不仅要在经济层面采取措施，协调公共政策，而且更需要国家治理战略定力和制度完善。

控制公共债务不宜用行政手段，应是宏观管理的内容

公共债务一方面具有较大的不确定性，另一方面也是基于市场合约形成的，应纳入宏观管理之中。行政手段对于债务管理不完全适用，除非产生了突发情况。控制公共债务应有整体思维，纳入宏观管理框架。宏观管理的主线是基于不确定性的公共风险管理，核心是"综合平衡"各类风险。从宏观管理来看，应当加强以下几个方面：一是预期管理。政府债务政策的稳定是预期管理的前提，也是现代契约精神的体现。如果缺少稳定的政策预期，就会导致守法者吃亏、不守法者占便宜的现象。监管是在管理风险，监管的反复则往往会制造风险。先松后紧或先紧后松的政策，往往比没有政策风险更大。二是规则管理。管理预期，需要系统的一贯之的规则，而不是碎片化的、时常变化的措施。规则应当是基于行为的，在事前制定的规则，事后再定规则只能起到亡羊补牢的作用。三是柔性管理。刚性管理的"一刀切"也会强化不确定性，甚至引发风险，尤其在管理对象比较脆弱的情况下。"一刀切"带来的问题可能比"不管"导致的风险还要大。四是行为管理。应通过制度设计，让各级政府树立合理的政绩观，树立"平衡"的观念，不能新官不理旧账。五是协同治理。政府各部门都是政府的一部分，相当于开一部车,如果部门间不协调,一个部门踩油门、一个部门踩刹车,就容易出事故。

国家治理需要发挥财政的基础和支柱作用。公共债务管理不能就债务论债务,公共债务的背后实际上是政策问题,是国家治理问题。公共债务管理应当放到国家治理框架下通盘考虑。在这一过程中,财政的宏观管理功能需要逐步加强,通过以财政收支为线索,平衡和协调公共政策,逐步减少公共政策协调失灵带来的不确定性与风险。

此次中日财政智库论坛就"公共债务与财政风险"展开了探讨,从各位中日学者提交的成果看,突破了就公共债务论公共债务、单纯从经济视角研究公共债务的思路。有学者提出应在强化财政纪律的同时成立独立财政机构,旨在确保财政政策的客观性,就是从公共政策协调的视角提出的财政政策优化建议;有学者认为应从哲学层面思考社会保障改革问题,在充分发挥社会保障制度再分配功能的同时,避免社会保障制度对财政可持续性造成冲击;有学者指出财政重建需要考虑跨代问题,以增税为主要手段的财政重建无法在当代与后代人之间达到一致,而由于当代人更具有话语权,导致财政重建困难重重,如何平衡当代人与后代人的利益,是财政重建的关键;有学者认为,化解中国地方政府债务风险应有"治理"思维,考虑现行治理框架下地方政府的公共风险治理责任;等等。这些观点和看法为我们进一步深入研究公共债务问题提供了很有价值的启示。我们把此次研讨会的重要成果结集出版,就是想把中日两国学者思想碰撞的"火花"呈现给社会,以期更多的学者参与到相关研究中来。

刘尚希

2018 年 8 月 8 日

目录

管控"政府债务"应有新思维　刘尚希　石英华　武靖州　田远 ……… （ 1 ）

积极财政政策和财政约束的政治经济学　［日］井堀利宏 …………… （ 16 ）

中国财政政策可持续性分析　王志刚 ………………………………… （ 42 ）

公共债务积累与经济发展　［日］小林庆一郎 ………………………… （ 61 ）

中国地方政府债务历史、现状、成因、预测与风险研判　封北麟 ……… （ 90 ）

公共债务的管理　［日］田中修 ………………………………………… （107）

中国地方政府债务风险及治理研究　李成威 ………………………… （111）

日本的财政现状与央行的关系　［日］小黑一正 ……………………… （130）

论积极财政政策的转型——基于公共风险与财政风险的权衡　武靖州 … （139）

基于价格水平的财政理论视角下的日本财政研究　［日］土居丈朗 …… （155）

管控"政府债务"应有新思维

刘尚希　石英华　武靖州　田远

2009年以来,欧洲爆发了主权债务危机;美国不断提高政府债务上限;日本政府债务水平一直处于高位;中国地方政府债务水平近年来不断攀升,虽总体风险可控,但在经济下行情况下其潜在风险不容忽视。不仅发达国家政府债务高企,新兴市场国家债务问题缠身的也不在少数。政府债务问题成为自2008年金融危机以来世界经济不稳定的主要风险源之一。世界各国,尤其是发达国家,都有着全面的政府债务管理制度。制度约束之下,风险仍不断积聚,使我们不得不反思,制度为何不能有效约束政府部门的举债行为?是制度本身的问题,还是政府行为的问题?只有找到了问题的根源,才能通过优化政府债务管理模式,有效控制债务风险。

一、政府债务的制度约束

(一) 政府债务管理的三种模式

世界各国对于政府债务的管理尚没有统一的模式。各国政府债务管理模式的选择多受经济发展水平、市场机制完善程度、财政体制及财政管理的历史等因素

作者简介:刘尚希,中国财政科学研究院院长、研究员;石英华,中国财政科学研究院宏观经济研究中心主任、研究员;武靖州,中国财政科学研究院宏观经济研究中心副研究员;田远,中国财政科学研究院助理研究员。

影响。总体来看，各国主要通过法律规制、行政控制与市场约束等模式管理政府债务，但由于各国国情不同，所采取的模式也具有一定的特点。发达国家市场机制比较完善，倾向于在进行法律规制的同时，运用市场手段约束政府举债行为；发展中国家虽然也通过法律的形式约束政府举债行为，但在法律不够完善的情况下，倾向于通过行政手段控制政府举债行为。

1. 法律规制

即通过法律法规对政府举债行为进行约束。各国政府一般都会通过宪法和法律对政府举债进行约束，以防政府支出过度。中国《预算法》就规定，中央一般公共预算中必需的部分资金，可以通过举借国内和国外债务等方式筹措，举借债务应当控制适当的规模，保持合理的结构；地方各级预算按照量入为出、收支平衡的原则编制，不列赤字，经国务院批准，省级政府可以在国务院确定的限额内，通过发行地方政府债券举借债务的方式筹措；除发行债券外，地方政府及其所属部门不得以任何方式举借债务，且不得为任何单位和个人的债务以任何方式提供担保。

美国宪法第一条第八款规定："国会有权……以合众国信用举债"。美国国会批准一定时期内的债务上限，州和地方政府拥有债务管理自主权，可以自主发行市政债券，但许多州的法律规定，州或地方政府本身不能决定举债，必须得到相关机构或全体居民的授权或批准。19世纪40年代美国州政府发生了债务危机，许多州从此次错误中吸取了教训，开始修改本州宪法对政府举债行为进行限制。目前，美国联邦、州和地方政府关于发债的法律规定已经十分完善。

在应对三次债务危机的过程中，巴西不断完善了对地方政府举债的法律法规。2000年颁布的《财政责任法》规定，地方政府每年的预算必须与本地多年的预算计划以及联邦政府的财政货币规划一致；对地方政府财政赤字进行事前预防；对地方政府不良财政行为进行惩罚。巴西国家金融管理委员会还规定：中央政府应限制各银行向公共部门贷款，对于违规举债、突破赤字上限或者无法偿还联邦政府或任何其他银行借款的州，各银行禁止向其贷款。

各国通常也以立法的形式对债务的用途做出限制，遵守债务融资的"黄金法则"，即举借的债务只能用于公益性资本支出，不得用于经常性支出。中国《预算法》在2014年修订时加入了这一点，美国、日本、德国、加拿大、法国等国也都遵守债务融资的"黄金法则"。此外，各国还禁止中央政府为地方政府进行债务担保，明确规定举债主体的偿债责任，一旦违约中央政府没有救助义务。

2. 行政控制

由政府运用行政手段对债务进行管理的模式，即政府对债务规模、水平、结构、用途等进行事前的审批与事后的监管。行政控制有多种形式，有的是由中央政府对地方政府的债务水平进行控制，有的是对额外的举债行为进行管制，有的是对地方政府的举债行为进行审批，有的是通过中央政府转贷国债给地方政府。

中国中央政府对地方政府举债的约束除在《预算法》中有相应的规定外，还通过多种行政措施予以控制。2014年4月，中国国务院发布了《关于加强地方政府性债务管理的意见》，其中就包含了多种行政控制措施。该《意见》规定了地方政府债务的发行主体、债务规模、债务资金的使用方向、债务综合统计与报告制度、风险预警及行政问责等。发债主体方面，规定为省一级行政单位，省以下的地方政府只能通过省级代发；发债规模方面，规定由国务院确定全国债务总规模，由财政部确定分区规模，并报各级人大审定；地方债务风险预警方面，规定由财政部建立针对各省的债务风险预警机制；偿债措施方面，规定地方政府出现偿债困难时，要通过控制项目规模、压缩公用经费、处置存量资产等方式，多渠道筹集资金偿还债务。

3. 市场约束

通过金融、保险等市场对政府的举债行为进行约束，主要有信用评级、信息披露、债券保险、地方政府破产等制度。采取这种管理模式要求市场化程度较高、金融市场比较完善，同时要有明确的债务退出机制及政府债务信息的透明化。

美国政府在对政府债务进行法律法规及行政监控的同时，还依靠信用评级制度、信息披露制度和债券保险制度等市场手段对政府的发债行为进行约束。美国州和地方政府采用市场化方式通过发行市政债来举债，借贷双方完全按照自愿的原则借贷资金，债券利率完全由供求双方共同决定。这种市场化的举债模式为利用市场手段约束政府举债行为创造了条件，政府不当的负债会招致市场的反应，发行人信用度的下降直接会削弱其举债能力。美国的市政债券具有完善的信用评级制度，投资者一般依靠评级机构的信用评级判断市政债券的信誉程度；市政债券保险制度则明确在债券发行人实际未支付债券本息时，由保险公司承担偿付义务；地方政府发行市政债要向市场披露信息，遵循政府会计标准委员会确立的政府债务报告标准，向投资者报告政府债务相关信息，并按照证券监管法规披露信息。

对于地方政府发债造成的债务危机，一般由地方政府自行解决，美国联邦政府不干涉或救助。地方政府无力偿债时，技术性或暂时性的可由政府与债权人直接协商解决；地方政府还会采用设立新税种或调高原税率等形式筹措偿债资金。但在多种补救措施都无法解决问题的情况下，依据联邦破产法的规定，可由发债政府提出破产请求，实施地方政府破产程序。美国地方政府破产制度的核心原则是在确保公共服务的基础上对政府债务进行重组。在破产状态下，地方政府财政行为受到各种限制，限于维持基本的公共服务提供，在投资新公共事业、购买公共资产以及聘用新公务人员等方面受到诸多限制。通过债务重组与财政调整，地方政府摆脱财政危机的情况下，可以向法院申请终结破产状态。

（二）政府债务管理的通用手段

在上述政府债务管理模式之下，各国还会采取相应的技术手段来控制政府债务，主要有以下几种：

1. 债务指标控制

债务控制指标一般有负债率、债务担保率、偿债率、资产负债率等，每个指标都从不同的角度反映了债务风险的大小。各国在指标控制方面的标准不太一致。关于指标的判断标准使用较多的是《马斯特里赫特条约》中提出的"指导线"，即年度财政赤字率（财政支出超过财政收入部分占 GDP 的比例）不能超过 3%，政府负债率（年末债务余额与当年 GDP 的比率）不能超过 60%。

2. 财政风险预警

财政风险预警借鉴了国民经济预警理论，把预警的指标分为经济总量指标、财政总量指标、显性财政风险指标和隐性财政风险指标，根据这四类指标划分红灯区、绿灯区和黄灯区三个警度，根据指标所属区间做出预警。如哥伦比亚选择"债务利息/经常性盈余"和"债务存量/经常性收入"两项指标来评估地方政府债务风险；当两项指标分别小于 40% 和 80% 时，处于"绿灯区"，地方政府可以自行举债；当两项指标分别大于 40% 和 80% 时，处于"红灯区"，禁止地方政府举借新的债务。

3. 国家资产负债表

国家资产负债表用以衡量国家在某一时点的资产负债规模、结构以及分布状况，通常包括政府、居民、金融企业与非金融企业等部门。20 世纪 70 年代起，美国、加拿大、澳大利亚等国都开始编制本国的资产负债表。目前，绝大部分 OECD 国家都会编制国家资产负债表。中国于 1995 年把国民资产负债表核算正式纳入国民经济核算体系，1997 年国家统计局编制发布了《中国资产负债表编制方法》，并编制了1997—2005年的国家资产负债表。近年来，中国的一些研究机构也开始探索编制中国的国家资产负债表。国家资产负债表相当于"国家账本"，其作用不仅在于债务的管控，更主要的是从存量的角度反映国家财富的积累。

4. 政府财务报告制度

政府财务报告是以财务会计信息为主要内容、以财务报表为主要表现手段、系统完整地反映政府受托责任履行情况，以供信息使用者做出决策的综合性报告。政府财务报告能够以财务报表和附注的形式分别提供财务信息和非财务信息。在西方政府财务报告改革中，主要有三种模式：美国政府财务报告主要以信息使用者特别是外部信息使用者的需求为导向；澳大利亚、英国政府财务报告是双重导向，不仅为使用者做出涉及评估公共部门资源配置决策，也为报告主体管理所属机构解除受托责任；德国、法国政府财务报告则主要为服务预算管理的需要。

中国目前还未建立起权责发生制的政府会计制度和报告制度，但近年来一直在推进此项工作。2014年12月，中国国务院发布了《权责发生制政府综合财务报告制度改革方案》，确立了建立健全政府财务报告体系、政府财务报告审计和公开机制、政府财务报告分析应用体系等改革任务。2015年12月，中国财政部印发了《政府综合财务报告编制操作指南（试行）》，明确从2017年起开始编制2016年度政府财务报告；政府综合财务报告包括财务报表和财务分析；财务分析主要包括资产负债状况分析、运行情况分析、相关指标变化情况及趋势分析等；在政府部门资产负债状况分析部分，要求分析政府部门债务规模和债务结构等信息，并运用资产负债率、现金比率、流动比率等指标，分析评估政府部门当期及未来中长期财务风险及可控程度及需要采取的措施等。

（三）政府债务管理制度带有"确定性"思维

从上述政府债务的管理模式及手段看，核心都是通过制度来约束政府的举债行为。法律规制模式是通过法律条文规定政府必须怎么做或必须不怎么做，一般是允许政府举债，但又通过规模、水平、方式、结构、程序等方面做出限制；行政控制模式也是用制度规定的形式，要求地方政府遵守举债规则，在举债的事前、事中或事后接受中央政府的审批与监管；市场约束虽然是利用市场的力量，市场工具的使用也是由一系列的制度规定来规范的，无论是信用评级、债券保险，还是信息披露、政府破产，都有明确的制度规定，市场在制度的规范下自行运作。政府债务管理手段实际上是管理制度的延伸,自然脱离不开制度的轨道,债务指标控制虽然一般不写入制度条文之中,但往往形成了约定俗成的管理规则。

一般来说,制度主要是约束确定性的行为,在行为不确定的情况下,制度的约束由于没有对象便会"失灵"。因此,上述以制度为核心的公共债务管理模式便有一条隐含的前提假定,即政府举债的行为是确定的,政府债务的规模是可量化的。对政府举债行为的法律规制一般都会规定政府应当或不应当举债,应当通过什么途径举债,不应当通过什么途径举债等;行政控制措施则是对地方政府的举债行为由中央政府进行审批;市场手段也是运用市场工具对政府的确定性举债行为进行约束,只是不像法律与行政手段那样刚性。不管是法律规制、行政控制还是市场约束,前提都是针对确定性的政府举债行为,当政府通过一种创新或隐蔽的方式进行举债时,上述模式往往就失灵了。各种政府债务管理的手段强调对债务的规模与水平进行控制,其前提是债务的规模与结构是可以被量化的;如果债务不可被准确测度,指标控制与预警便失灵了;国家资产负债表与政府财务报告都是对公共债务的透明度要求,其原理也用确定性的数量指标表示政府债务的风险程度。

二、风险社会中政府及其举债行为的不确定性

(一) 政府的双重主体身份与多重责任

现代社会中的政府具有双重主体身份,既是一个经济主体,也是一个公共主体。作为经济主体,政府与企业、个人等经济主体在法律上处于平等的地位,拥有相应的权利与义务。政府拥有自己的人力与财产,也有自己的责任,要受到法律约束与调节,其与企业或个人签订的合同就受法律保护。如果政府侵害了其他经济主体的权益,政府要做出赔偿。另一方面,政府还是一个公共主体,拥有公共主体的权利,也要承担相应的公共责任。这些权利与义务不仅包括法定的,也包括法律没有规定或认定的,即推定的责任和义务。

政府的双重身份是对政府的一种双重约束。政府是公共权力的拥有者和执行者,为约束政府不侵害其他经济主体的权益,就必须在法律上给政府设定一种身份,即规定政府"怎么做",把它视为一个普通的经济主体与法律主体。另一方

面，为解决政府的不作为问题，还必须从法律上给政府另一种身份，让政府去承担社会其他经济主体所无法承担的公共风险，以公共主体的身份承担"兜底"的作用。政府以其经济主体的身份，是以经济理性来面对所有的风险，严格维护公共产权的经济利益，承担作为经济主体的风险；作为公共主体，政府必须从平等、公平、正义等原则出发，以"公共理性"来面对所有的风险。

责任从内涵上来说，可分为法律责任、经济责任、契约责任和道德责任。政府作为市场经济中的经济主体，按照经济规则与合同履行经济与契约责任是分内之事，在履行责任的同时，政府也拥有相应的权利。政府的法律责任则是强制性的，是宪法和法律明确规定的政府应当履行的责任，法律在规定政府履行责任的同时，也赋予了政府相应的权力。但道义责任则是在没有明确的责任主体的情况下，政府作为公共主体应当履行的责任，道义责任没有相对等的权利。也就是说，法律、经济与契约责任是对称性的，而道德责任则非对称性的。

（二）"风险社会"中的公共风险

与传统社会相比，现代社会的风险不是减少而是大大增加了。社会分工在促进人类社会进步的同时，也使得风险分散化，风险主体更难以界定。传统手工业生产中，一个生产者操作所有的生产流程，生产者有包揽全部工序的责任，风险集中且责任也集中。社会化生产条件下，一个生产过程被细分成多个过程，每个过程由不同的人负责，各个环节的衔接就存在诸多不确定性，风险的责任也难以准确界定。传统社会的风险主要来自于自然界，而现代社会的风险则更多地具有"人化"的特征，人类在提高自身应对自然风险能力的同时，也在改造自然中衍生出其他领域的风险，经济运行、社会管理、国际交往等领域都存在风险。

风险社会至少具有这样几个特征：一是风险无处不在、无时不有。任何经济主体都无法回避风险，风险已经由一种偶然现象变为一种普遍现象。二是经济风险对人类社会的影响已大大超过自然风险。人类应对自然风险的能力大大提升，但经济运行的复杂化使得一些经济危机的影响要远远超过自然灾害。三是风险累积速度加快且具有传染性。分工的细化使社会生产过程中的链条越来越长，每一个环节面对的不确定性都在增加，传统社会一个环节或领域的风险分散到多个环节或领域之中，使得风险出现了倍增的态势；而随着人与人之间、地区之间、国家之间的交往日益紧密，风险传导的途径更加顺畅，其传染性显著增加。

依据风险发生的领域可分为私人风险和公共风险。私人风险发生于私人领域，一般表现为一种相对孤立的事件，不会产生社会性影响。这类风险一般需要个体承担，或者通过市场机制将风险在时空上分散、转移。公共风险则是发生于公共领域、产生公共性影响的风险。公共风险一方面具有内在的关联性，使得个体相互影响；另一方面是不可分割的，个体无法游离于公共风险之外。公共风险的这些特征使得其难以通过市场机制来转移与分散，需要政府和公共部门加以应对。因此，政府的存在意义在于提供公共产品，而提供的公共产品很大一部分是用于应对公共风险。

现代风险社会的另一个特征是私人风险大量转化为公共风险。当多数社会公众认为私人风险应当由政府出面救助或承担最基本的支出责任时，私人的事务就变成了社会的事务，即私人风险转化成了公共风险。政府对私人风险的救助一旦变成法律的规定，就成为政府法定的公共责任与义务。贫困、失业在历史上曾经是纯粹个人的事情，在现代社会，都需要政府给予最基本的救助。

私人风险主要是通过个体应对与化解风险的行为渠道向公共风险转化的。现代社会，居民或企业可以通过一系列的市场或社会手段应对生产、生活与经营中的不确定性，进而化解风险，但个体不确定性减少、风险降低的同时，公共风险却相应增加了。可以说，风险也遵守一种"守恒定律"，某个个体或领域的风险减少了，不是风险凭空消失了，而是转向了其他个体或领域。企业在通过金融创新化解市场风险的时候，这种风险不是消失了，而是转化成了公共风险，而这种公共风险一旦爆发，由于其公共性，它的影响远比个体风险更大；居民在通过社会保障体系化解个人不确定性风险，个人风险也不是消失，而是转化成了公共风险。

（三）政府对公共风险有着法律和道义上的责任

理论上来说，只要风险能够界定其责任主体，就能够有效地应对。但现实中具有公共性的风险难以界定其责任主体，政府作为公共产品的提供者，对公共风险具有法律上与道义上的责任。私人风险一般由个体来承担，公共风险则由作为公共主体的政府来承担，私人风险转化为公共风险后也由政府来承担。也就是说，法律规定的公共事务中的风险是由政府承担的，但法律没有规定的，在风险责任人难以界定或风险责任人能够界定但个体无法承担的情况下，政府有着推定的"兜底"责任。自然灾害作为公共风险主要由政府来承担，但个人与企业的破产作为私人风险，在产生公共影响时，政府也有着救助的道义责任。

（四）举债是政府应对公共风险的重要手段

政府不具有经营性质，其收入主要来源于税收，而政府具有应对公共风险的责任，在税收收入不足以应对公共风险的情况下，举债便是必然的选择。因此，政府适当举债是承担公共风险的表现也是促进经济社会可持续发展的手段，公共债务管理也不是彻底消除债务风险，而是如何识别并控制风险。

从风险代际责任的视角来看，政府举债也有其合理性。公共风险按照时间跨度可分为当代风险与代际风险，前者是目前人们所面对的公共风险，但当代风险有时会对后代造成影响，有些风险则是跨代的。当期的税收主要用来应对当代的风险，但当风险具有跨代特征时，当期的税收既不足以也不应当主要用来应对跨代风险。举债，即用未来的税收收入应对现时的跨代风险便是唯一的选择。这也是各国普遍把公共债务用于资本性支出，而限制其用于消费性支出的原因。资本性支出主要是基础设施建设投入，基础设施建设具有代际受益特征，当期的税收收入不仅不足以承担一次性巨大投入的基础设施建设资金需求，也不应当用挤出当代人消费性公共支出的方式建设代际受益的公共基础设施。

（五）公共风险的不确定性意味着政府举债行为难以准确预测

公共风险的不可预测性意味着政府的举债行为是不确定的，举债行为的不确定性也就意味着公共债务的规模、结构与使用方向是难以准确预知和测度的。不确定性与风险是一个硬币的正反面，我们不仅无法预知私人风险，更无法预知公共风险。在无法预知风险的情况下，作为应对公共风险的举债行为也具有不可预知性。政府无法预知何时会发生自然灾害，进而无法预知自然灾害的损失程度及政府需要救助的支出；政府也无法预知何时经济和社会风险会爆发，进而产生经济和社会危机，政府也无法预知需要多少支出用来应对经济和社会危机。

近年来各国政府债务的快速增长，就与金融危机的突然爆发有关。2008年之前，没有哪个国家的政府能够预知危机的发生及对本国经济社会发展的影响，也无法预测应对危机需要多少财政支出。中国公共债务的快速增长主要源于2008年后的一揽子经济刺激计划，虽然存在许多遗留问题，但它的确是政府在履行应对金融危机带来的公共风险的责任；危机爆发之前，没有人能够预测到它对中国经济社会的影响程度如何，政府应当因此增加多少支出。

政府在以公共主体身份应对公共风险的过程中，面临着两个方面的不确定性：公共资源的不确定性和支出责任及义务的不确定性。这两个方面的不确定性是不对称的,前者在法律范围之内,而后者却超出了法律的范围,即包括法律规定的支出责任的不确定性和社会道义支出责任的不确定性。因此,公共资源的不确定性在一定程度上是可以预测的,可以大致计算其变动的可能范围;而支出责任的不确定性是不可预测且无法计算的,所以政府在编制支出预算时往往要安排一笔不指定用途的"预备费"或"机动费"。但"预备费"或"机动费"只能应对小规模的公共风险,当大面积或大规模的公共风险暴露时,用举债的方式来应对是政府难以回避的责任。

(六) 政府债务"冰山"

传统的政府债务管理理论隐含着一个前提假定,即公共债务是确定的、可计量的,政府公布的债务数据与实际状况一致。但实践证明这一假定并不成立。由于公共风险的不确定性,导致政府的举债行为部分是确定性的,大部分则是不确定性,政府债务一定程度上类似"冰山"。

冰山上层的债务是确定的。由于它是法律或合同所确认的,我们能够确定相应的政府举债行为,也能够相对准确地测度其规模、水平与结构。

冰山下层的债务是不确定的。由于它反映的是公众利益和利益集团诉求的政府责任,而利益诉求则是多元和变化的,我们难以确定相应的政府举债行为,也难以准确地测度其规模与结构。

从政府债务"冰山"来看,确定性的举债行为与可量化的债务规模只是政府债务的一小部分。由于具有确定性且可度量,其风险容易控制。国际经验也表明,债务危机的爆发很少来自于确定性公共债务。发达国家的高债务率就没有必然带来危机,源自希腊主权债务危机的欧债危机也主要是希腊隐性债务显性化导致的;中国的公共债务风险也不在于确定性债务,中国中央政府有着良好的资产负债结构,地方政府确定性债务风险也处在可控范围之内。

不确定性债务与确定性债务有着本质的不同,确定性债务是财政运行的直接结果,不确定性债务则不是财政本身的问题,它是政府在应对政治、经济、社会发展中的诸多公共风险所造成的。由于它是不确定性的,政府无法提前预知其风险的来源及大小,也就无法提前进行相应的财政安排。这部分债务不是财政管理能够控制的,但最终却要求财政来负担,这种不对称性的责任才是财政风险的主要来源,也更加需要管理的协同性。中国当前的财政风险就主要来自于地方政府债务中的融资平台债务。由于融资平台作为企业,其举债行为与规模更加不确定,在不加以控制的情况下,更容易受到经济波动、房地产市场的影响,一旦风险爆发，容易产生连锁反映，产生区域性或系统性金融风险，在财政"兜底"的情况下又会演变成财政风险。

三、确定性的制度管理模式难以应对政府债务的不确定性

（一）确定性的制度管理模式不仅无法应对不确定性债务的积累，也难以有效地控制确定性债务的增长

政府债务管理制度无法有效应对不确定性债务的增长。公共债务的增长通常与经济周期有关。经济衰退时，公共风险进一步增加，为使公共风险不进一步演化为公共危机，遵守公共债务管理规则与应对公共风险相比显然处于下风。如图1所示，美国2008年以来公共债务的增长，就与政府应对金融危机有关，突破指标上限、持续调整国债上限，不是不遵守财经规则，而是与遵守财经规则相比，政府应对公共风险的责任更加紧迫。

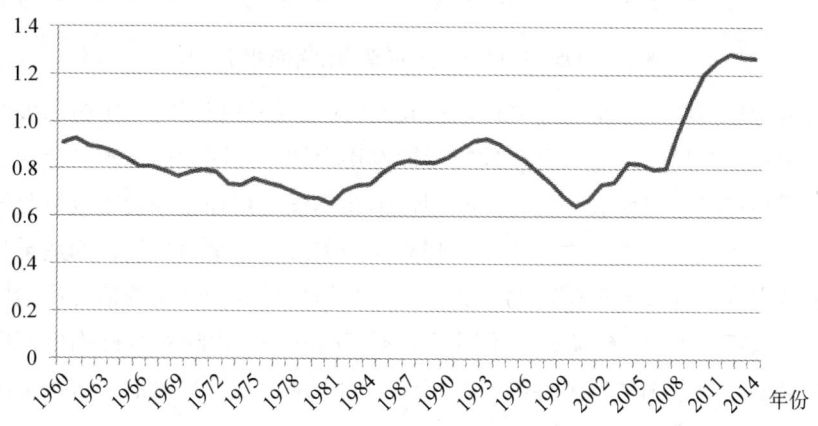

图1　1960—2014年美国政府债务负担率（%）

欧洲主权债务危机的爆发，也使我们有必要反思政府债务管理模式，其所确定的债务控制指标并没有提高政府债务监管的有效性，依据这些指标所做出的信用评级反而成为债务危机的推手之一。《马斯特里赫特条约》和《稳定与增长公约》确立了欧盟各国的政府债务约束框架。但债务监管预警指标在实际运用中过于刚性，尤其是在欧债危机进一步发酵的情况下，各国财政赤字和公共债务占

GDP的比重与警戒线指标的背离程度也越来越大。意大利、西班牙、比利时等国的债务负担率始终处于60%以上，欧元区两大重要经济体德国与法国，也相继出现债务负担率超过标准的问题，德国债务负担率自2003年增至60.8%后，就几乎再没有回到60%的标准内。2009年欧债危机爆发时，德国和法国的债务负担率分别为72%和79%，赤字率为3.3%和7.5%。当指标控制一而再地突破时，就应对其有效性进行反思。事实上，由于每个国家的具体情况千差万别，用一个恒定的指标并不一定对每个国家都合适。如图2所示。

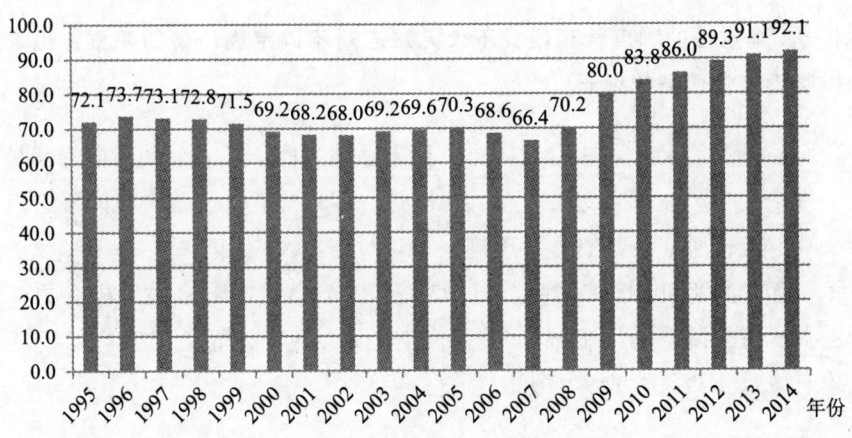

图2　1995—2014年欧元区平均债务负担率（%）

债务指标控制往往是与经济周期逆向而行的。经济衰退时，实施积极的财政政策，指标控制反而限制了财政政策发挥作用余地。在国际社会遭受金融危机冲击，世界经济增长速度放缓之时，欧洲各国在不能使用独立的货币政策时纷纷重启赤字财政政策，力求通过财政工具刺激国内需求。赤字财政复归的后果是赤字率的迅速提升，导致欧洲国家的债务负担率纷纷超过欧盟使用的债务风险警戒线——国债余额/GDP的60%，且呈现居高不下的态势。国际评级机构根据现有监管指标降低欧洲各国的债务评级，信用评级的下降对欧盟各国的经济和金融运行又造成了严重冲击。

在欧债危机爆发的前后几年，美国、日本和印度的债务负担率都是超过60%的，中国的虽然低于60%，但呈现快速增长的态势，风险也受到各方关注。而到目前为止，这四个国家都没有出现债务危机。从日本来看，其政府债务负担率一直处于高位，远远高于任何发生债务危机的欧元区国家且持续保持增长态势，依据现有的债务风险监管指标，日本早就应该发生严重的债务危机了，现在也应该处于严重的危机状态。但日本的政府债务一直处在可控的范围内。从美国情况看，其债务问题似乎也不亚于欧元区国家，2008年以来一直处于100%以上，但美国债务危机一直没有发生。虽然这与美国在国际经济中的特殊地位及其提高债务上限有关，但也说明债务指标控制对于很多国家来说是"失灵"的。

（二）制度约束的确定性与政府债务的不确定性无法有效匹配

以确定性思维为基础的政府债务管理制度之所以失灵，不仅不能控制不确定性债务的增长，也难以控制确定性债务增长，更没有阻止债务危机的发生，就在于它与政府债务的不确定性是不匹配的。政府的收入是确定的，政府提供公共产品的责任也是确定的，但现实社会中的风险却是不确定的，来自于各个领域的风险，最终都要政府这一公共主体来"兜底"，以确定性的制度去框定不确定的"兜底"责任，不仅不确定的行为游离于制度之外，所框定的确定性的行为也会扭曲。事实也证明，政府债务管理制度只框定了确定性的举债行为，但对不确定性的举债行为却无能为力；制度对举债行为的框定，不仅不能限制举债行为，反而限制了应对公共风险的举债需求，可以说其失灵是"双重"的：一方面没有有效控制债务的增长，另一方面又在一定条件下限制了政府应对公共风险的能力。

（三）化解公共风险、履行公共责任使得政府有着强烈的举债需求与意愿

举债是政府履行公共主体责任、应对与化解公共风险的主要工具，举债的需求与公共风险的大小及其爆发的程度是紧密相连的。国际经验就表明，在经济繁荣时期，政府的债务水平往往是下降的，公共债务爆发式的增长一般是在经济衰退时期，就是因为经济繁荣时期是公共风险消散并积聚的时期，经济衰退期才是公共风险爆发和消退期。显然，公共风险的分散与积聚并不需要政府的应对，最多只是识别与预警；公共风险爆发后，才是政府公共主体责任必须发挥的时期，通过扩大财政支出，把公共风险爆发的影响降到最低限度并逐步释放风险。

（四）制度的刚性约束指向政府的确定性举债行为，并没有解决政府应对公共风险的无限责任

现行的公共债务管理制度主要是通过法律、行政及市场等手段约束政府的举债行为，并没有考虑经济周期与公共风险的问题。在经济稳定增长时期，制度约束是有效的，而在经济下行时期，公共风险逐渐暴露，政府责任更加凸显，在突破制度约束与应对公共风险之间，政府往往选择后者。因为突破制度约束的后果要远远小于公共风险向危机转化的后果。

制度只能约束少数人，当大部分人都突破制度时，制度便失灵的，即所谓的"法不责众"。《马斯特里赫条约》规定的债务控制指标，当大部分欧元区国家突破时，它就"失灵"了；中国1994年的《预算法》规定地方政府不得发行债券，当大部分地方政府绕开它，利用地方融资平台举债时，它也就成为了一种形式；美国法律设定了国债上限，但由于美国政府长期的赤字财政，国债上限持续提高，也证明了制度约束的无力。

一般来说，越是发达的国家或地区，其政府应对公共风险的责任越大，举债需求就越大，债务水平也越高，另一方面偿还能力也越强；经济相对落后的国家或地区，其公共风险还未充分向各领域扩散，政府应对公共风险的责任相对较小，举债需求就小，债务水平也相对较低，另一方面其偿还能力也相对较弱。但现有公共管理模式往往是"一刀切"，用一套指标来控制所有的国家或地区的债务水平。这一方面会弱化经济发达国家或地区政府应对公共风险的能力，也会强化经济不发达国家或地区的债务风险。另一方面，越是经济发达的国家或地区，其政府债务的透明度就越高，确定性债务相对大，不确定性债务相对较小；相反，越是不发达的国家或地区，其政府债务的透明度也较低，政府举债的行为更加隐蔽化，不确定性债务相对较大。因此，仅从公布的统计数据来管理政府债务也是偏颇的。

（五）制度之外的举债手段反而强化了财政风险

制度失灵不是它没有约束住政府的举债行为，它在很大程度上还是限制了政府的举债行为，否则债务危机可能会更加严重；制度的失灵主要表现在它无法避免游离于制度之外的举债行为。一方面是制度的刚性约束，另一方面是政府庞大的公共主体责任，一方面限制"开源"，另一方面无法"节流"，势必造成政府支出缺口，在合规的手段无法弥补支出缺口时，规避制度便成为政府无奈且现实的选择。《马斯特里赫特条约》在确定政府债务风险监管的量化标准并把它确定为加入欧元区的门槛后，一些国家为了能够加入欧元区，就采取了各种隐蔽的方式降低本国的赤字率和债务负担率；中国地方政府债务的最大部分则是由融资平台这一绕过法律规制的融资方式形成的。

1994年，中国颁布了《预算法》，其中规定：中央政府公共预算不列赤字；中央预算中必需的建设投资的部分资金，可以通过举借国内和国外债务等方式筹措；地方各级预算按照量入为出、收支平衡的原则编制，不列赤字；地方政府不得发行地方政府债券。在合法融资渠道不畅通的情况下，地方政府采取了各种变通方式实现对公共支出的融资，使得地方政府债务隐性化。各种变通方式中尤以地方融资平台的形式最为突出。各级地方政府通过注册成立各种投融资公司，搭建地方融资平台，由这些企业通过发行企业债、向金融机构借款等方式融资。加之中国预算体制是以收付实现制为基础的，各级政府的预算报表无法全面反映其实际负债情况。

地方融资平台，是一些资产规模与财务状况都达到融资标准的公司，它们一般由地方政府控股，以特许收益权、财政补贴以及偿债基金等作为保证，向银行贷款或发行企业债，举债款项一般用于基础设施建设或公益性项目。中国国家审计署2013年的公告显示，截止2013年6月，地方融资平台债务69704.42亿元，占所有地方政府债务的39%。

在中国现行财政体制下，地方政府以融资平台举借债务也有其必然性。1994年分税制改革后，中国地方政府支出责任有所增加的情况下，财政收入则更加向中央倾斜，导致地方政府收支缺口日益增加。另一方面，《预算法》又限制了地方政府发行债券的权限。为推动当地经济发展，应对地方公共风险，地方政府要履行相当的事权，存在着巨大的融资需求。一方面法律禁止，另一方面有巨大的需求，这就使得地方政府另辟蹊径，规避法律的限制，把举债行为隐蔽化。地方融资平台就是地方政府以企业的名义对外举债。与地方政府发行债券的融资方式相比，隐性化的地方融资平台的风险反而更大了。

四、结语：政府债务管理应更加关注政府应对公共风险的不确定性行为

现实世界充满各类不确定性且不断变化，作为制度设计者难以掌握全面的信息，只能依据所掌握的信息用相对确定的方式来设计制度。制度的本意是提供一种确定性的规则，但现实的复杂性难免出现"制度失灵"的尴尬局面，制度设计者认为出台的制度可以实现其初衷，制度涉及的行动各方将共同遵守规则，这只是一厢情愿的想象，以确定性来扑捉不确定性本身就是一个不可解的问题。因此，政府债务过度增长的问题，如果不能放到公共风险的视角去解决，制定再多的制度可能最终都会失灵。只有通过政府治理体系的优化，更加明确地界定风险责任、更加有效地识别和预警公共风险、更多地利用市场和社会的力度协同治理公共风险，通过分散风险、共担风险、转移与转化风险，适当减少政府应对公共风险的责任，才是控制政府债务的治本之道。

积极财政政策和财政约束的政治经济学

[日] 井堀利宏

一、公共投资的政治经济学

(一) 凯恩斯主义政策的效果

对日本小泉内阁提出的健全财政目标和"安倍经济学"进行评价的关键在于积极财政政策的成效,如果其成效很大,那么重视逆向调节经济的财政运行方式是可取的。反之,如果财政支出未见成效,那么就需要更加重视财政约束的财政运行方式。

财政支出的利处是什么取决于如何评估公共事业的经济效应。评价公共投资政策在经济方面的意义时,根据强调供给侧的长期效果,还是强调需求侧的短期效果,可以分为两种观点。公共投资自然指的是为兴建公共基础设施而投入的支出。因此,必须长期建设和提供有利的设施作为公共资本存量,与此同时,公共投资占国内生产总值很大一部分,在凯恩斯政策中被用作调整短期总需求的反周期政策。后者观点侧重于公共投资在需求侧的效果,认为公共投资不一定要用于公共基础设施然后对未来产生益处,只要能够有效地刺激当前经济,那么公共资本在未来毫无用处的情况也是容许的。

作者简介:[日] 井堀利宏,政策研究大学院大学特别教授。

在日本，凯恩斯主义需求侧的公共投资刺激经济的手段广受关注。换言之，比起社会资本的效益评估，公共投资更作为一种反经济周期的受到需求侧重视。事实上在日本，以往最重要的反经济周期政策是补正预算里的公共事业，发行建设公债的原则便是为其合理地筹措资金。本来其原则是重视公共投资的未来收益，但是在这个原则之下，就算20世纪80年代以来财政重建路线将阻止发行赤字公债作为最高命题，建设公债的发行也未能停止。结果，不必要的公共事业项目增加，建设公债原则弊端凸显。

（二）公共投资的未来收益

公共投资将在未来产生收益，而如果发行公债作为公共投资的资金来源，将来也会产生切实的税收负担。鉴于人们对于未来的利益和负担有一个预期，公共投资在当前时刻也应该对私人经济产生一定的影响，不过，其形式与标准的凯恩斯模型有所不同。在过去关于日本财政政策的讨论中，公共投资的未来收益对当前私人经济的影响没有受到足够的关注。

公共投资的扩大对民间消费的影响可以分为两类。第一，从需求方面对可支配收入的影响，这取决于公共投资增加个人收入的多少（乘数效应），以及对税收增加带来的财务负担（未来的税收效应）的认知程度。第二，伴随着公共投资收益产生的效果，除了取决于公共资本的收益将增加多少家庭实际收入（公共资本的效用价值）之外，还包括未来产生多少维护成本（未来的负担）。公共投资的收益超出成本的部分越多，刺激民间消费的效果就越大。

如果社会资本水平不高，由于扩大公共投资可以期待未来获得巨大效益，因此有必要减少未来的消费同时增加目前的消费，产生不同时间点之间的替代效应。如果是与生产相关的公共投资，由于未来生产增加，所以未来收入也会增加。另外，如果是与民生相关的公共投资，因为实际收入水平会增加与未来收益的货币价值相应的部分，所以从这个角度来看，也会刺激民间消费。综上所述，扩大收益高的公共投资，可以改善经济，增加当前的民间消费支出。因此，考察公共投资刺激民间消费的程度，某种程度上可以评价公共投资的综合效益。

此外，鸭井和橘木（2001）运用向量自回归（VAR）模型对财政政策的效果进行了时间序列分析，并通过脉冲响应函数测算政策效果。除了公共投资的扩大对财政政策的影响之外，二人还将对税收作为变量，分析了减税政策的影响。此外，通过公共投资扩大政策和减税政策在该模型中是内生变量还是外生变量，换言之，在模型中通过反馈检验经济变量有无冲激函数，分析了连锁反应有何不

同。结果如下:

在第一个时期(1975—1990年),公共投资不足,但对私人需求产生积极影响,消费和投资相互发挥积极作用,GDP持续增长。在第二个时期(1985—1998年),消费没有增加,公共投资有可能对民间投资具有直接的挤出效应,GDP萎靡不振。另一方面,前期减税政策在消费和投资方面带来的变化不大,对GDP没有影响。后期,减税政策对投资产生了积极的影响,消费逐渐从负转为正增长,虽然对GDP累积的影响仍为负,但与前期相比显现出微弱的效果。

(三) 公共投资与民间消费

关于公共投资对民间消费的影响的理论模型分析,在井堀、近藤(1998)和近藤、井堀(1999)的研究中,使用了多元时间序列分析模型或无限期模型展开论证。下面,让我们更直观地用两阶段模型和图来说明它。指定具有代表性的个人消费者的效用函数如下:

$$U = U(c_1, c_2^*) = U^1(c_1) + \frac{1}{1+\rho} U^2(c_2^*) \tag{1}$$

这里,c_1表示第一段时期的民间消费,c_2^*表示第二段时期的"有效"消费。另外,ρ表示贴现率。笔者将简化的贴现率视为与利率等值。第二段时期的有效消费取决于该时期的民间消费c_2和第一段时期公共投资G_1的收益。假设一个单位的公共投资与下一个时期μ/G单位民间消费产生同样的收益,那么公共投资收益μ便是政府对公共投资支出G_1的增函数。此外,我们认为随着公共投资量的增加,单位公共投资的收益将会递减。于是,我们得到以下等式。

$$c_2^* = c_2 + \mu(G_1), \quad \mu' > 0, \quad \mu'' < 0 \tag{2}$$

政府支出的最优水平G^*是通过下面的公式得出的。

$$1 + \rho = \mu'(G^*) \tag{3}$$

对于公共投资收益与未来生产增加直接联系的产业相关的公共投资,公式(3)意味着私人投资的边际产量与公共投资的边际产量相等。另外,对于公共投资收益与增加经济福利直接联系的民生相关的公共投资,公式(3)意味着私人投资的边际产量和公共投资的边际收益在货币价值上是相等的。

在政府支出的最优水平G^*下,$\mu(G)$和c之间的边际替代率不发生变化。通过第一阶段的民间消费来评估,政府支出增加ΔG的边际效益用μ'来表示,政府支出增加ΔG的边际成本为$-(1+\rho)$。如果$G < G^*$,政府支出的边际收益大于边际成本,这时候认为公共投资G不足。反之,如果$G > G^*$,政府支出的边际成本大于边际收益，公共投资 G 过大。

另外，家庭的全部收入与支出预算约束方程可以用下式表述。

$$c_1 + \frac{1}{1+r}c_2^* = Y_1 + \frac{1}{1+r}Y_2 - G_1 + \frac{1}{1+r}\mu(G_1) \tag{4}$$

这里 Y_i 是第 i 阶段的劳动收入，r 是利率。在图 1 中，线 AA 表示该预算约束方程。E_0 是最初的均衡点。

现在假设 $\Delta G_1 > 0$，这意味着政府支出在第一阶段增加。如果 $G_1 < G^*$，则方程（4）右边随着 G_1 的增加而增加，所以 AA 线向上移动，A′A′线代表新的预算约束线。I_1 表示在该预算线 A′A′下可实现的效用水平，并且 E_1^a 点是效用最大化的点。也就是说，新的消费计划（c_1^a，c_2^a）对应的是最优消费计划。相反，如果 $G_1 > G^*$，则 AA 线向下移动，E_1^u 成为效用最大化的点。此时（c_1^u，c_2^u）是最优消费计划。因此，比较 E_1^u 点和 E_1^a 点我们发现 $c_1^a > c_2^u$ 且 $c_2^a < c_2^u$（此外还存在 $c_2^{*a} > c_2^{*u}$ 的关系）。换言之，如果第一阶段的公共资本不足，该阶段的民间消费将会受到刺激。相反，如果第一阶段的公共资本过大，该阶段的民间消费将会受到抑制。如图 1 所示。

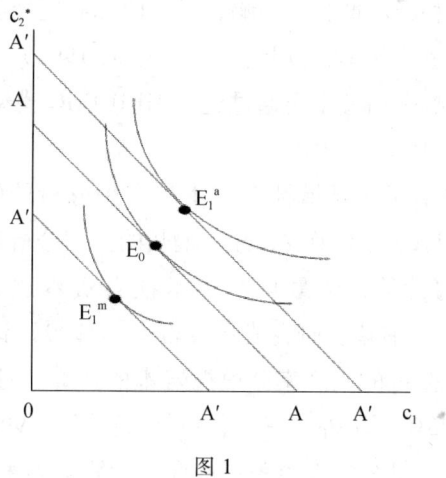

图 1

近藤与井堀（1998），井堀、土居与近藤（1999），以及井堀与近藤（2001）尝试从这些观点进行实证分析。其结果显示，从整体上看公共投资一定程度地刺激了民间消费。换句话说，将二战后的时期（1958—1993 年）看作一个整体，这个时期内公共投资的表现还算尚可。然而，分别考察在经济高速增长时期（1958—1975 年）和那之后的一段时期（1976—1993 年）的民间消费的效果时则看到，近来公共投资对民间消费的刺激作用并不明显。这说明进入经济高速增长时期后，公共投资比经济高速增长期本身带来的效益要低。其原因是，社会资本水平与过去相比有所提高，使得增加公共投资对民间消费支出的影响减小。也可以认为原因是社会资本分配或公共投资配置存在问题，公共投资花费在生产率低、效益低的部门了。例如，按目的分类来看，农林渔业相关支出的收益较少。

通过关注民间消费，可以间接地评价政府支出的收益。不过，这种分析方式不直接计算公共投资生产方面的量化效益，而是通过对民间消费的影响尝试间接地评价公共投资。这种方式的优点在于，可以在不假定特定的生产函数的情况下推算公共投资的生产率。但是，这是一种间接的方法，存在无法完成定量评估的局限性，应结合推导生产函数的方式对公共投资的评价进行讨论。

（四）公共投资的产出效应

接下来，让我们试着直接推算公共投资的产出效应。日本不仅有可利用的合计社会资本存量的数据，岩本（1990）等的研究也积累了一些关于公共资本生产效率的实证研究。

社会资本存量的经济效应主要表现为生产力和适宜度。前者如字面所示，衡量社会资本对生产率和经济增长的影响，具体比如有把社会资本看作生产要素推算生产函数、计算经济增长率，以及巴罗（Barro，1991）在回归模型下研究社会资本对经济增长的影响。后者主要通过建立HEDONIC模型来衡量社会资本对国民福利的影响。

宫崎（2014）总结了各领域社会资本生产率分析的研究成果，据此可见，研究方法大致分为：计算生产函数、经济增长的回归分析及计算经济增长率。

关于生产函数的计算，以最早对日本社会资本进行生产率分析的目良（Mera，1973）为代表，有诸多研究成果。岩本（1990）计算了柯布—道格拉斯生产函数中公共资本存量的生产率。根据岩本的计算，社会资本投入量每增加1%，产出增加约0.23%。另外，三井、井上、竹泽（1995）计算出公共资本的边际生产弹性为0.25。此外，迄今为止的许多计算结果表明，随着时间的推移，公共资本的边际产量逐渐下降，而且私人资本的边际生产也存在同样的规律。公共资本的分配从完善工业基础设施转向与生活密切相关的项目这一事实也是边际产量较低的原因。

对于经济增长的回归分析，中里（2001，2003）在多篇论文中将社会资本按照行业分类，分别计算其对经济增长的影响。

在计算经济增长率的研究中，樋口、中岛、中东、日野（2003）试图将行业作为分解 TFP（全要素生产率）的要素，分析各领域的社会资本。宫川、川崎、枝村（2013）将新创建的地区行业分类生产率数据库（R-JIP 数据库）与社会资本的数据相结合，对社会资本的生产力效应进行再检验。根据他们的估计，在泡沫经济崩溃后，生产力效应在所有行业普遍显现。这说明，泡沫经济崩溃后社会资本的投资受到限制，投资的有效分配得以进实现。通过估算结果来看，社会资本收益率总体上高于私人资本的收益率，这在非制造业中非常显著。

（五）公共投资的区域分配

日本经济高速增长时期公共资本政策的重心是投资完善工业基础设施，然后是扩大与生活密切相关的公共资本，再者是使二者公共资本实现均衡的发展。工业基础设施优先积累，当它达到一定水平，两种资本相平衡的资本积累模式，在资本的边际生产力大于生活资本和消费的边际替代率的情况下就成为了最优资本积累的模式。

很多研究从公平和效率的角度对社会资本的区域分配进行了评价。浅子、坂本（1993）和浅子等（1994）分别计算了日本各都道府县的社会资本生产率，得出的结论是城市的社会资本生产率较高。特别是三井（2008）的研究指出，在城市中为提高第二产业生产率而投入的社会资本的生产率较高，而其他地区极低，这证明城市适合投资制造业。另外，全国投向第一产业的社会资本生产率普遍较低，第三产业的生产率没有明显差异。如果不考虑农业方面社会资本分配的生产率，那么与生活相关的领域社会资本不存在显著的区域差距。通过计算不同地区和行业公共投资的生产率可知，一般来说过疏化的村落和农业相关的公共投资的生产率较低，而城市地区、通信和环境相关的公共投资的生产率较高。日本按照目的分配公共投资的做法很难说是最优的，特别是与农业相关的公共投资的生产率较低。

中里（1999）基于日本的区域经济数据，对社会资本的完善给经济增长带来的影响进行了实证分析。一般认为，公共投资通过形成社会资本存量对经济增长具有正面作用。但是，因为公共投资的分配僵化，不能对经济环境的变化做出反应，公共投资有可能无法形成有效的社会资本存量；此外，对公共投资的依赖可能成为减少该地区自主发展的努力的一个因素。

宫崎（2004）将日本的首都圈以及东京都与其他的区域划分开来，重点关注道路，探究与交通相关的社会资本的生产力效应。定量分析的结果显示，在首都圈尤其是东京都，完善道路设施有助于提高生产率，而在其他地区完善道路设施并不一定带来生产率的提高。

公共投资的政治性分配也可以解释为区域间的再分配政策。就国家和地方政府之间的财政资金转移支付而言,日本以交付税制度和国库补助金为主在不同区域间大量转移支付。此外,由于各种补贴和优惠政策,转移支付也在各行业之间进行。日本以缩小地区间差距为目的的积极财政政策包括,国家不限制用途的"地方交付税",按经济的合理性的观点由国家征收并分配的"地方让与税",以及由国家规定用途的"国库支出金"。其中,调整地区间财政资源过剩和不足的地方交付税占地方税的比例接近50%,为再分配发挥了巨大作用。

与此同时,日本的公共投资政策具有很大的区域性,以区域援助和补贴的形式发挥着作用。在公共投资较多的情况下,原则上国家和地方自治体以1:1的比例负担。但实际上,在地方自治体通过交付税和地方债券筹集财政资金,用交付税偿还地方债券,使国家承担绝大部分的负担。特别是人口稀少地区的地方自治体,实际上让国家承担了当地的公共工程。

土居(1996,2000)提出了"捕蝇纸效应",并利用这一概念分析了中央政府的交付税政策和地方自治体的支出结构。原本最佳情况是中央政府增加地方交付税的情况下,地方税收减少,使当地居民的个人收入增加相同的额度,但实际中增加的是这个地方自治体的支出,"捕蝇纸效应"指的就是这样一种现象。土居的实证研究结果显示,地方自治体承认"捕蝇纸效应"比固定资产税收还要高,这是由于地方对税收制度的自由裁量权较低。这一分析还表明,人口过少地区的公共事业实际上正在发挥对该地补贴的作用。

另外,长峰与片山(2001),齐藤(2010),近藤(2013)等研究指出,与公共交通有关的投资夹杂着相当大的政治因素。吉野与吉田(1988)用一张选票(国民议会选举中各地区的选票)的权重作为政治影响力指标,通过回归分析可知就算在一些选票的权重较大的都道府县,公共投资配置的政治影响力依然显著地高于一张选票。大都市的公共投资分配不足以及农村地区分配过多的事实,相当程度上可以用政治因素来解释。

田中(1999)着重讨论了公共投资对家庭收支的效用的影响,并从这个角度评估了20世纪70年代以来日本公共投资政策的有效性。研究得出以下三点结果:在多种社会资本中,民众对市政道路以及社会福利设施、医院、学校等生活基础设施的公共投资给予高度评价;对属于生产性投资的国道的评价还不到评价最高的市政道路的一半;对于预想中地方上分配优厚的农林渔业设施和防汛抗洪设施,许多民众没有给予好评。

综上所述，无论是从民间消费反应间接估计的方法，还是直接计算生产函数的方法，都显示自 20 世纪 80 年代以来，公共投资的未来收益逐渐下降。另外，按照地区和目的分类来看，农村地区涉及农业的公共投资的生产率下降尤其明显。可以说，自 20 世纪 80 年代以来，相当一部分的公共投资的分配已经偏离了生产率角度，带上了"政治性"偏见。这种公共投资已然成为逆向调节经济的中心政策，而这正是财政约束丧失和这段时期财政赤字不断增加的原因。

二、既得权的政治经济学

（一）公共事业的效益评估

在公共事业中，比起明显的浪费，更多的是与成本比较来说的相对浪费。例如有些项目只有 10 分的好处，却需要 20 分的成本。在这种情况下，出现 20 - 10 = 10 的额外成本。但是，既然有 10 分的收益，并且由于获得收益的人（从社会资本的构建中获益的居民）通常不是 20 分成本的承担者，所以他们不担心成本仅关心收益。由于没有成本意识，只要项目有积极的收益，政治上对公共事业的需求就很大。

另外，对接受公共工程订单的当地企业来说，20 分成本将变成他们的收入，因此成本越高，利润就越丰厚。所有，只要项目存在收益，即使收益低于成本，当地也没有人会反对，反倒可以说当地企业甚至希望成本越高越好。越是这种不必要的项目，当地政治上的需求越大。

另一方面，制定政策的政府机构预先进行成本效益分析，原则上他们只采用预先评估中收益超过成本的项目。但是，在评估中很难准确估计收益和成本。考虑到来自当地居民和地方自治体的诉求等的政治压力，更倾向于高估效益或低估成本。此外，地方自治体开展的小规模公共工程不一定预先进行成本效益分析。如果有很多来自的居民需求和请求，即使客观上收益低于成本，也会实施。

以东日本大地震为契机，与防灾有关的公共工程重新被审视。有这样一种担心：对紧急时期有益这一好处的强调可能会超过必要程度。虽然灾难发生时有用但平时没有任何用处的防灾害设施和装置，往往会造成浪费。

用堤坝的高度来举例，假设高 5 米可以抵御 500 年一遇的海啸，高 10 米可以抵御 5000 年一遇的大型海啸。在这种情况下，堤坝的高度越高，项目成本就越高。从常识来看，因为 5000 年一遇的概率非常低，最好不要强行修建到 10 米。但是，将这种不太可能发生的事件概率提高，或设想非常时期发生这种灾害带来极高的损失，政治上很容易倾向于认为有必要建造一个 10 米高的堤坝。

另外用一个数值示例说明，假设紧急情况（灾难）发生的概率为 1%，不发生的概率为 99%。实施某项公共工程，紧急情况下有 100 分的益处，但平时没有任何好处。这个项目的成本是 5。此时，由于效益的期望值为 $100 \times 0.01 = 1 < 5$，因此应当选择不建设该项目。但是，如果紧急情况下的益处不是 100，而是 1000，那么效益的期望值就是 $1000 \times 0.01 = 10 > 5$，这回最好实施该项目。准确估计紧急情况下的益处很困难，并且政治上往往容易过大估计。

其原因是建筑成本与获益的居民无关，所有的成本负担都从国家预算中出。站在居民的立场来说，高的堤坝更好；建筑公司也想要更大规模的工程；技术人员也想设计一个宏伟的堤坝。所有这些利益相关者都没有承担资金来源的责任，每个利益相关者都没有严格计算成本的动机。如果这些利益相关者政治上诉求过强，就将建成一个超出必要的宏伟堤防。

但是，堤防本身可以有效地应对灾害，建成的东西是有益的，即使高度太高，也没有人抱怨。整体来看，纳税人的钱正在流失，但许多纳税人无法判断一个工程是否无用，因此此类项目仍将继续。

通常，地震学家等该领域的专家也容易高估风险。他们比较倾向于要求从安全角度做好充分的准备工作，这样很容易彰显自己的存在价值并获得研究经费。如果我们高估了地震和海啸的风险，任何与防灾有关的公共工程都可以正当化。当然，虽然安全感会增加，但把宝贵的财力投入到其他支出上可以获得更大的收益。在大地震的经历仍记忆犹新的时间段里，政治上必须照顾到这种情绪，但对效益进行冷静地评估也是非常重要的。

（二）既得权益的政治经济学

出现缺乏财政约束的年度支出的政治因素之一是既得利益。任何支出第一次完成时都有着相应的合理解释。从一开始就只有特定利益群体拥护，且从社会整体来看明显不公平、低效率的支出，很难获得预算。

例如，假设一个行业是结构性衰退行业，在该行业工作的人的生活非常艰辛。帮助这些人紧急疏散的公共工程项目是有预算的。虽然只针对特定的人群，但从社会整体公平的角度来看，某种程度上存在合理性。但是，当这个预算僵化和延长时就另当别论了。即使行业恢复景气，项目继续下去的话，通过自身努力促进该地区发展的意愿也会被削弱，过去的政策变成了既得利益。

一旦公共事业预算确定，让公共事业支持区域经济、取得下一年度预算便成为该地区民众的最终目的。这是既得权利和既得利益带来的弊端。这种弊端往往反映了省级厅级各机构之间的利益关系。

在日本，与公共工程相关的省厅（国土交通省、农林水产省、总务省等），往往是土木建筑业、农协、地方自治体等公共事业利益集团的代言人。当然，作为压力集团，行业协会的政治权力很大，还有一部分原因是官僚将行业协会作为日后"空降"的目的地，从而成为它们的保护伞。但也有一种理论认为，制定政策时为行业协会代言的形式，过去在一定程度上为日本经济整体发展做出了贡献。在经济发展的初期阶段，转变经济发展的方向和产业结构的途径是明确的。

在编制预算时，遵循渐进主义的原则，开支一旦确定第二年也可以全盘接受，而新的预算则是根据税收增加的部分来实现的。这种方式审定的效率更高，并且能够在一定程度上处理在整体税收增加的经济环境下产生的新需求。基于这种预算编制的公共事业分配在经济高速增长时期是合理的。

然而，经济环境会改变。进入20世纪70年代后半期，经济高速增长结束，之后宏观经济也迎来动荡不安的时代。21世纪在世界范围内全球化和IT化急速推进的浪潮中，为了使日本保持领先地位，进一步激活产业、地区和人才至关重要。只是用公共工程项目支持结构性衰退产业和停滞地区，整个日本经济将全盘沉没。作为社会资本，公共事业的分配也必须改革，转向有效地为社会做出贡献的地区和项目。但是，在"安心、安全"的理念下，仍然有很多落后的内容。尽管进入21世纪以来日本面临的经济社会环境发生了巨大变化，由于被过去的成功经验所束缚，对既得权力和既得利益的重新审视已经落后了。

齐藤（2010）从利益诱导政治的自相矛盾之处为切入点分析了自由民主党长期执政的原因。引进新干线等政治活动是典型的利益诱导政治，并且已经可以证明它们对日本的公共工程产生了很大的影响。与此同时他指出，新干线修建完成后，在该地区没有了利益诱导对象，反而是自民党原有支持者减少，这是一个耐人寻味的自相矛盾之处。

另外，寺井与格莱泽（Terai、Glazer，2014）的研究中将预算编制作为委托代理的问题固定下来。该模型可以通过与道德风险、软预算的关系解释公共事业的膨大。例如，日本的中央政府不太了解地方自治体的类型。从总务省等派遣官僚成为地方自治体的干部，并且中央政府或财务省知道当地政府过去进行了很多无用的公共事业，但信息仍然是不完整的。由此，委托人（财务省）通过多编制预算，让代理人（地方自治体）以自己的方式，即使是某些带有政治偏见的行动，实行有益的开支，结果造成不必要的公共事业增加。

随着人口老龄化的进程，老年人的政治影响力变得更强。老年人更希望扩大社会保障福利而非公共事业。日本的公共事业支出进入21世纪后趋于减少，但与老龄化无关。因此，人口老龄化的同时公共事业费用有可能变得过小。在重新审视未来支出内容方面，如何评价老龄化因素的影响也很重要。

（三）道路特定财源制度

1. 背景

专项资金的存在很容易既得利益化，且在财政约束方面也有可能成为问题。日本的"道路特定财源制度"是以汽油税（挥发油税和地区道路税）、轻油交易税，液化石油气税等税款收入养护公路的制度。日本在1953年出台了《有关道路整备费财源等临时措置法》，从迫切、有计划地建设落后的国家道路的观点出发，规定挥发油税收这部分金额将作为改善道路的资金用于国家修路。

本条法规把汽车相关的各项税收暂定在很高的税率上。暂定税率首次出现在寻求第七次（1973—1977年）道路整顿五年计划的资金时。1974年4月，挥发油税从24.3日元/升提高到29.2日元/升，增加了4.9日元，涨幅约20.2%，同样，地方道路税由4.4日元/升提高到5.3日元/升，涨幅约20.5%。1976年轻油交易税也提高了，还有汽车购置税也在1974年4月从原来的3%提高到5%，5月汽车重量税从2500日元/0.5吨（私家车）上调到5000日元，是原来的2.5倍。

从那以后，暂定税率完全没有再被重新审视过，并且在1976年、1979年和1993年不断上调和延长暂定时期，使暂定税率持续了将近30年。

2. 道路特定财源制度的评估

这种专项资金被批判为建设无用道路的温床。用某项税收收入充当特定公共服务所需费用的资金，有可能导致财政僵化，因此特定财源制度历经波折，于2009年被废止。

的确，即使在发达国家中，日本的公共事业支出也保持在较高水平，其中道路建设占据了较大的比重。从全国范围来看，道路的修建有所进展。必须避免依据特定财源制度建设更多无用道路的弊端。另一方面，如果改成一般资金，也不能保证将实现更有效的积极财政政策。公共事业中经济效益最差的项目便是由一般资金支持的农业渔业相关的公共事业。另外，从北海道到九州扩建新干线的项目似乎也没有太大的效果。

一般而言，扩充财政资源的手段包括提高政府本身筹措税金等资金的能力，以及吸引私人资金等外部资金。在交通运输领域有很多私人部门不愿意参与的工程，比如无手续费收入的一般道路基础设施养护等。以充实公共部门运输财源为目的，遵循使用者付费的原则，开展了各种筹集资金的措施，具体的例子包括建立以汽油税为基础的道路特定财源和征收环境税。

在道路发展绝对水平显然不足的时代，配合资金决定工程量看似合情合理。作为交通系统的税收制度，特定财源制度和目的税并不一定是不好的系统/机制。但是，在道路发展到相当程度的今天，加之财政状况严峻，社会保障等其他支出的需求也在增加，需要更有说服力的依据。事实上，确实存在部分道路专项资金用在不必要的公共工程上。

关键是要根据客观数据，对道路建设等公共事业进行彻底的成本效益分析，然后修建有效的基础设施。虽然不应该建设不必要的道路，但有些地方每天都交通堵塞，延误道路养护，造成经济活动的瓶颈。

总而言之，一般化的资金没有事先确定用途，听凭执政党的政治家自由裁量，而对特定财源制度的评价更取决于是否可以实现高效的支出。在自由裁量的情况下，无视民意的支出反而会有增加的风险。当它变成特定的资金时，也有僵化的弊端，但也有一个优点，通过明确受益和负担之间的关联，使纳税人关心税收的使用途径。也就是说，如果是支持率高的政权，资金一般化，自由改变积极财政政策的配置的好处很大，反之，如果是违背民意的政权，即使将资金一般化，也不能保证道路维修等公共事业能够有效地完成。某些情况下，有可能把很多的资金投入到更加无用的巨额支出中。预算编制能否很好地反映民意，是判断特定财源制度对错的关键。

三、增税与财政重建的理论分析

（一）超过增税收入的年度支出增加额

虽然不像专项资金那样有一个明确的联系，我们试着从理论上分析税收增加和某项特定年度支出相对应的情况。首先介绍一下尤（Woo，2005）和斯特勒（Stähler，2007）的理论模型。这是一种内生增长模型，它包含两个不同偏好的组，每个组（利益集团）与不同的公共财产有利害关系，为了增加自己关心的公共财产相互采取战略行为。

该模型的结构如下。政府的预算约束线方程表示为：

$$\dot{b} = rb + g_1 + g_2 - \tau \tag{5}$$

在他们的模型中，利益集团的政治活动的结果——政府支出的决策公式导出如下：

$$g_1 + g_2 = (1+\theta)(\tau - rb) \tag{6}$$

在这里，g_1、g_2 是各利益团体关心的公共财产的支出之和，τ 是税收，$\tau - rb$ 是除去利息的税收，表示税收可以支持的积极财政政策的上限。在这个模型中，表示两个不同利益集团之间偏好的差异程度常数 θ 是一个正数。政府支出决策公式的右边 $1+\theta>1$，假设对不同公共财产的评估差异越大，政府支出增加的幅度越是大于税收增加的幅度。各利益集团在战略上采取行动，只增加他们感兴趣的政府支出。结果，当 τ 增加时，政府支出增加大于 τ 的增幅。从这个意义上讲，对专项资金限制的有效性超过100%，超过税收收入的支出可能成为财政赤字。

从上述两个方程中，我们可以得到下式：

$$\dot{b} = \theta(\tau - rb) \tag{7}$$

在这个模型中，如果税收增加，政府支出增加的幅度大于税收增加的幅度。换句话说，如果 τ 增加，政府的财政状况被认为有所改善，刺激利益集团的政治活动，使年度支出超额增加。

在这种软预算约束的情况下，如果政府增加税收，财政约束就会放宽，反而增加财政赤字。为了防止这种情况，有必要减小方程（7）$\dot{b} = \theta(\tau - rb)$ 的倾斜度。例如，如果对预算赤字征税，

$$\dot{b} = \theta(\tau - rb) - \lambda b$$

在这个方程里，$\lambda \dot{b}$ 表示对财政赤字收税的收入，λ 表示其税率。改写这个表达式得到下面的等式。

$$\dot{b} = D(\tau - rb) \tag{8}$$

在这里 $D \equiv 1/(1+\lambda)$。如果规定预算约束方程的变化范围是（$D < \theta < 1$），从结果上来看财政状况得到改善。如果 D 的值小于 1，即使税收增加，也不会增加预算赤字，通过提高 λ，可以抑制新公债的发行。

从上述分析中可知，如果预先明确财政赤字增加则增加税收的课税原则，能够有效地建立财政约束、减少预算赤字，这就是所谓的"对预算赤字征税"，这

是一种随收随付制。另一个可代替的原则是"波恩前提",该原则认为应该预先规定,只要公债余额/国内生产总值上升,就减少基本财政赤字。在这种情况下,也可以获得与上述征税原则相似的结果。

(二) 分析的含义

如果国债发行余额增加,市场中对国债的消化能力下降,那么国债的信任度将会出现动摇。另一方面,如果促进财政重建,减少国债发行,日本央行增加国债的承购,且经济增长,则对于提高国债信任度起到积极作用。但是,对财政约束来说,同样的事情可能会产生负面影响。经济增长对国债的信任度并不总是有利的。经济增长则税收收入增加,但可能会诱发无用的政府支出。特别是在政治上对不必要支出的控制比较宽松的情况下,政府支出膨胀,国债就会出现信任问题。因此,如何防止政府支出的膨胀变得非常重要。如果制定预算的政治家在考虑时间价值时给出的贴现率很高,那么这种问题很容易发生。换句话说,政治家和公民(选民)在多大程度上能够仔细考虑未来是非常重要的。如果这一点做不好,无论经济增长多少,国债都无法取得信任。基于政治经济学状况,国债的可信度是一个很大的问题。

如果除去经济变动因素后产生的财政赤字(结构性财政赤字)仍增加的话,相应地将削减财政支出,以及预先把自动增税的机制纳入预算编制都是有益的。结构性赤字的扩大主要是由于增加社会保障福利等强制性支出。用于扩大老年人既得权利的社会保障费用增加时,需要的就是:实施自动上调消费税和增加保险费等措施,并且降低预算赤字。

这是年度支出新增加时投入更多的新资金(也包括减少财政赤字部分的资金)的强有力的随收随付制度。通过这样方式可以让公众意识到支出增加伴随着大量的实际负担,以期达到控制"搭便车"导致无用支出增加的效果。

该方案也与保证财政可持续发展的"波恩条件"(只要国债余额/GDP 的比率上升,就应当改善基础财政收支/GDP 比率)相吻合。当国债余额/GDP 比率上升时,为了改善基本财政收支/GDP 的比率,就必须削减开支或适当地增税。出于经济方面考虑,可以多少有一些时间差,但如果财政恶化,有必要通过自动增税和削减支出使改善财务的机制发挥作用。

四、财政约束和预算制度

（一）预算制度

如果没有预算制度的改革，对财政制度的重新评估就无法实现。在本节中，我们将以设计一个合适的制度来确保财政约束为目标，考虑预算改革的理想方式。首先，预算制度应当根据什么原则建立呢？大致分为两个方面：从行政角度来看，侧重约束的优点；从经济角度来看，侧重自由裁量的优点。首先，前者的行政原则有以下四点。

（1）公开性：预算必须向民众公开；

（2）统一性：年度支出和收入的记录必须统一；

（3）限制性：必须具有财政管理上的约束力；

（4）年度性：以会计年度为单位，预算的收支必须在一个会计年度内完成。

这些原则基于的观念是：预算应该严格按照法律来编制、支出、记账和审计。

另外，后者的角度有以下七条预算的经济原则。

（1）公平性：预算必须遵循公正的支出规则；

（2）效率性：确保资源配置的效率；

（3）目的性：根据支出的经济功能进行准确的分类；

（4）功能性：准确估计经济功能；

（5）灵活性：为能够机动地调动适当的支出，弹性是必要的；

（6）计划性：为实现长期目标必须具有相应的持续性；

（7）无感情：将所有的收入汇总，统一制定支出计划，不涉及具体收入和具体支出。

这些原则意味着，预算的初衷是为了促进公共福祉，灵活而敏捷的组织和支出的自由裁量权是很重要的。

由于预算是政府财政活动的基础，其数额也很庞大，因此制度上优先考虑限制预算。出于其重要性，日本宪法第7条规定了基本原则，包括财政法在内的许多法律也都有完善的规定。其原则为如下三条：

（1）事先表决原则：在执行前先经国会表决；

（2）总预算原则：支出和收入全部纳入预算；

（3）向国会和公众报告的原则：内阁每年至少一次向国会和人民报告国家的财政状况。

这些原则与重视约束的行政原则相对应。不过，这些限制并不一定能保证财政约束。

预算改革的一个争论点是，究竟是重视限制（预算约束）还是重视自由裁量权（预算的灵活性）。这个问题也是事前控制或事后控制的问题。法律约束倾向于通过一切手段进行事前控制。这在一定程度上必要的。但是，事前的自由裁量权留出余地，实际发生问题后采取严厉措施，这种事后监督系统同样有效。

一般来说，如果事前细致入微地规定积极财政政策的内容，往往会导致经济上的低效和浪费。预算的执行方面，很多时候更需要认为可事前裁量留出一定的余地，同时事后严格监督。在这种情况下，如果国会的政治检查敷衍了事，那么利用信息公开等方式接受国民、选民、纳税人的检查就变得重要起来。

（二）财政约束和预算制度改革

田中（2011）的研究认为，日本财政重建不成功的原因是缺乏财政约束，而且预算体系存在缺陷。无论是帮助参与者遵守财政规则和目标的"事前承诺"，还是以中期财政框架为基础的"事后监督"，相关的预算制度都比较薄弱，不能建立起财政约束，这是日本失败的原因。通过对比探讨 OECD（经济合作与发展组织）主要国家的财政重建过程和预算改革，田中还指出，在财政重建过程中预算制度改革尤为重要。日本的预算体制改革迟迟没有取得进展的原因是，财政当局"政治化"并成为政治上有利害关系的参与者。

鉴于目前的形势，正如井堀、土井（2007）所指出的，应当明确预算制度改革和公共财政管理下的会计改革的转型过程，按照时间顺序逐步采取如下第1至第6条措施。

1. 权责发生制会计的合法化

为了有效地实施预算制度改革，在结算阶段引入具有法律约束力的权责发生制会计是必不可少的。在国家决算中，已经引入了权责发生制会计，比如日本各省厅的制作财务报表，但没有法律约束力。公共财政管理会计改革仅仅做到信息披露或提高透明度是不够的，应该通过实行预算制度改革来实现财政健全化的制度设计。为此，目标应当是用法律约束力规定日本各省厅有义务制作财务报表，明确其对解释资金使用方式及结果负有会计责任。

除了各行业、各部门的财务报告外，合并会计也很重要。理想情况是，不仅包括国家财务部门和相关公共机构，还包括地方自治体在内，采用统一的公共会计基准，扩大合并目标。如果地方自治体的财政状况软预算化，将导致国家轻易增加地方交付税等补贴，使国家财政状况恶化。所以说综合了解国家和地区的财政状况是非常重要的。

2. 建立行政评估方法

即使通过权责发生制会计制度公示了结算情况，如果不能被有效利用就失去了意义。重要的是能够准确评估从结算信息中获得的业绩情况。为此，有必要建立一个准确的行政评估方法。

例如，日本经济财政咨询会每年修订和公布的"改革和展望"等中期财政展望，充分利用了经济预测。但是，对于经济预测是否妥善完成没有"业绩评价"，即使预测出现极大的错误，也无须追究责任。结果导致过度估计未来经济增长，过高计算未来税收，产生财政支出增加的压力，或未来预计的支出既得权化，年度支出居高不下。

与此同时，需要规定不得随意上调预定的未来年度支出，规定分别独立设置中期财政管理制度和目标，以维持财政约束。出于未来的不确定性，还有必要努力确保财政预备费。对未来的财政管理做出确切的承诺是非常重要的。

3. 严格执行财政管理制度

为了恢复和维持财政约束，有必要在预算制度改革中制定并承诺一个财政管理的大原则。如本文第三节所述，欧盟的《稳定增长公约》虽有一定的灵活性，但规定一般政府财政收支赤字不得超过当年 GDP 的 3%，公共债务不得超过 GDP 的 60%。在英国严格实行"黄金规则"（在一个经济周期内，政府的公共债务收入仅用于公共投资支出）和"可持续规则"（在一个经济周期内，公共部门的净债务控制在 GDP 的 40% 以内）。

当然，日本也有类似的规定，如关于建设国债的规定，以及 1997 年的《财政结构改革法案》中明确国家和地方的财政赤字不得高于 GDP 的 3%。但是，这一规定并不适用于现实，目前的情况是，自由裁量财政政策作为反周期政策被列为重中之重。

在相当于 3—5 年一个循环的经济周期中，为了能够从中期角度出发维持良好的财政运行，引进具有约束力的多年预算制度是比较有用的。然而，由于预算需要国会表决，超过国会议员的任期（众议院议员任期为 4 年）的约束缺乏实效性。

多年预算制度可以把不用的额度推迟到下一年度，比一年期的预算体系更有效，非常值得努力推行。例如，如果正确地进行初步评估后出现了许多不必要预算，这意味可以用更少的经费完成给定的公共服务，该部门的业绩评价也变得更高。将多余额度的一部分交由有关部门酌情决定、灵活支出，如此一来，可以激励公务员消除浪费现象。在这种情况下，不单单把支出和国民收益视为后者随前者的增加而增加的关系，而是将支出和公共服务的对应关系明确量化，开展预算评审和财务考核，这是很重要的。

对未来几年中长期预算编制施加某种限制的做法，对制度改革也是有效的。例如，在社会保障方面，如果预先确定在 5 年、10 年的中长期内控制支出的话，为了配合这一决定，社会保障制度就不得不做出大刀阔斧的改革。另外，对公共事业项目的内容进行大范围的重新审查也可以看出，那些中长期量化紧缩的项目也更容易进行制度改革。

另外，微观层面的规定也是必要的。其中一项措施是，可以考虑国家投资等的有限责任化。目前情况下，国家默默承担着诸如特殊法人、地方自治体下一年度的资金保障，所以实际上国家陷入了无限责任的状态，结果造成未来债务过度积累。让国家没有必要承担这种无限责任的方法，就是规定国家出资等有限责任化。该规定适用的具体例子包括降低地方交付税的资金保障功能和把特殊法人转变为"国有股份制公司"。

（三）修正预算的涉及范围

公共事业作为填补税收短缺、创造就业、反经济周期的政策，在经济形势严峻、税收收入低迷的情况下，常见的办法是组织修正公共事业的预算。本来，补充预算的目的不是逆向调节经济，而是社会保障方面的经济措施。当外部冲击发生时，为了尽可能地减轻随之而来的财务波动，修正预算暂时用来实行赤字财政政策或发行国债。社会保障方面的经济措施是指，利用包括累进所得税和失业保险等在内的可抵消经济波动的内在稳定器（又称自动稳定器），在有限的时间内调整必要的最低限度。

另一方面，恢复 GDP 向好趋势的政策本身就是一个提高潜在增长率的政策，是结构性改革的守护范围。在刺激供给侧、储蓄和劳动意愿的政策中，调动私人经济积极性的微观激励效应非常重要。从中长期的角度编制本预算的作用，是在资金方面推动这种具有中长期效果的政策。重要的是要让初步预算为财政体制改革、社会保障体制改革、权力下放进程和宏观经济振兴做出贡献。

(四) 财政约束和特别会计

在日本，对预算的讨论主要基于一般会计，关于特别会计的讨论很少，有人指出年度支出效率化的压力很难符合特别会计的要求，事实也的确如此。因此，由于特别会计的缘故，使所管辖的有关部门获得既得权，运用固有的资金在不必要、不紧急的事业上，实现自己增长，造成浪费。复杂的会计处理有可能助长浪费。

但是，虽然特别会计的资金流超过了 300 万亿日元，是一个庞大的金额，但并非伴随着巨大的浪费。倒不如说，即使资金在多个会计之间转来转去，因为实际上没有资金用于支出，所以它本身不会产生浪费。例如，特殊会计盈余的钱并不等同于浪费的钱。不如说，有盈余恰恰是没有浪费资金的结果。

包括独立法人在内，不能否认人事费用等方面存在浪费。独立行政法人的、领导员工的工资水平比较高。从职业的专业性等方面与国家公务员相比，教育背景较高的员工较多，相应的薪水确实会增加。私人部门为了区别对待被公认为高级专业人才的人，不可避免地要在工资方面拿出相应的姿态。有必要理性地看待这一点。

与工资等待遇方面比较，职务的专业性等需要客观地在是否有合理依据这一点上严加区分。此外，为了有效利用来自私人部门的竞争压力，应当更积极地推进独立行政法人的民营化，同时大胆与私人部门进行人员往来，使人才的比较在日常工作中成为可能。

五、财政约束和政治独立性

(一) 财政当局和政治压力

财政是通过编制预算具体化的。预算是由财政当局编制的，但前提是通过国会的表决。在议会占多数席位的执政党负责编制预算，执政党背后有许多支持它的选民。因此，财政当局不可能作为独立机构寻求独立性。

与高度专业化并且日常需要根据金融市场灵活机动的货币政策不同，财政政策的编制预算和执行为期 1 年，时间相对较长。所以，财政政策既要更好地反映选民的意向，又不能忽视作为代理人的政治家、执政党的意向。在追求最优解的层面上讲，让财政部门保持独立很难有说服力。但是，在更现实的层面上讲，设立一个独立的金融机构具有一定的意义。

这里重要的一点是政治家或者说执政党是否真正反映了人民的意愿。既然以民主主义为前提，投票结果应该反映的是超过半数的选举人的意见。但是，如果投票成本对特定的选民层有所偏向，那么由此产生的弃权使投票结果中显示出来的选民偏好也是有偏差的，并会产生一些弊端。

由于投票的机会成本对应每个选民的时间机会成本，因此投票的机会成本在城市地区高于农村地区，年轻人的投票成本高于老年人。此外，在同一个选区中，由于机会成本低的选民投票更多，对他们的意图反映很可能超过了应有的程度。

另外，各选区议员名额的不均衡也助长了民意反映在政治上时的偏见。这是因为，越是名额享受优待政策的选区人口减少越明显，老龄化也越高，相反，越是受到冷遇的选区年轻人的比例越大。其结果是，老人不仅投票率高，而且可以选出更多代表他们这一代人利益的政治家，政治谈判能力越来越大。

另外，选民的平均年龄也在上升。过去，由于年轻一代是日本人口的中心，实施政策时也总是考虑到工作的一代人。最近，选民中的老年人比例正在增加。最近的民意调查显示，政治上希望实行的政策项目中，排在前面的始终是完善社会保障。希望进行财政重建的选民相对较少。为老年人服务的政策很容易实施，但为年轻一代和将来的后代服务的政策很难实施。这种重视老年人的民主主义被称为"银发民主"，但以此为基础的民意并未必能以适当的方式表现在预算编制中。

如果这种银发民主主义决定财政政策和预算编制，就会对财政赤字和社会保障体系产生不利影响。在"银发民主"中，目前的受益者和承担者常常因为不喜欢增加负担推迟改革，相应的部分将成为未来的受益者和承担者的负担。人口老龄化和生育率下降非常迅速，年龄偏好差异超过区域差异，财政利害冲突加剧。

在老龄化和生育率下降的日本，通过养老保险制度和发行公共债券减少代际再分配差距的政策是一大课题。养老保险制度的征收色彩越来越浓厚，养老保险领取金额和缴纳金额都越来越大。应该建立一种制度性保障，使青年一代的偏好在政治舞台上得到适当反映。希望在一定程度上使财政机关独立于政治家和执政党之外，让弊端得以纠正。

（二）诱发过高估算的原因

政治家的偏见也影响着政府的预算编制工作和财政健全化的目标设定。日本的财政状况差极了。政治家们也许实际上已经意识到了现状的严峻。尽管如此，为了避免实施伴随着阵痛的改革和政策，勉强要求内阁官员拿出美好的未来预期。比如说，高估未来的经济增长率和与之挂钩的收入的自然增幅。

根据日本内阁府2015年2月发布的中期财政展望的估算，即使从2017年4月起将消费税率提高至10%，要在2020年实现收支基本平衡的政府目标也是相当困难的，需要进一步增加税收或削减财政支出才能实现这一目标。这份估计结果本就相当的乐观，但2015年7月的再度公布的展望中，显示出更乐观的估算。

与2月份的估算结果相比，描绘了更加乐观的财政健全化设想。2017年4月提高消费税率至10%的同时，如果能够实现经济复苏，即使2020年的基础财政收支不均衡，但将有显著的改善。另外，到2023年为止，公债余额占GDP比率稳定地逐渐减少。如果是这样的话，就算不将消费税率从10%进一步提高，在20世纪第二个十年里似乎也可以实现中长期的财政健全化。

话说回来，在经济复苏情形下假定的高增长率（实质增长率大于2%，名义增长率大于3%）的根据是：增长战略取得成功，预计出现与20世纪80年代后半期经济泡沫时代相比拟的高生产率。但是，自20世纪90年代以来，实际生产力逐渐下降。根据常识来看，笔者无法想象在不久的将来会有如此高水平的创新。政府执政党能够最大限度发挥政治权力的地方就是预算编制，以此为前提，那么财政再估算当然不可能忽视这样的政治环境。为了避免这种政治偏见，最好是由独立于政治之外的机构负责宏观经济预测和税收估算。

明知估算过高，却故意隐瞒这一情况并发布乐观的预测，这与以前旧日本军队故意只宣布乐观的信息，让民众抱有天真的期待的"大本营讲话"异曲同工。此外，假设乐观的经济增长和收入自然增长的想法成为提高支出效率的障碍。如果税收收入预期增加，相应地，增加财政支出的政治压力将高于财政重建，对试图削减无用财政支出的工作会带来负面影响。事实上，即使从过去的财政重建估算来看，常常高估经济增长和自然收入增长。结果，年度支出的削减迟迟得不到进展，导致财政赤字不断增加。原因有如下几个。

首先，现在是开始财政重建的时候了。很多观点认为要经济好转后再财政重建。这是基于这样一种认识：宏观经济环境的改善是增税和削减支出的前提条件，随着经济好转，税收也增加，人们钱包鼓起来，才终于可以讨论伴随着阵痛的增税和削减开支了。

但是，经济不会永远向好。通常情况下，当政府意识到经济好转时，往往经济波动高峰已经过去了。这样一来，当试图实施增税等财政紧缩政策时，正撞上经济陷入衰退。那么，不仅不能像最初预期的那样实现的自然增收，而且最终作为经济措施要求扩大财政支出的政治压力也会增加。每当试图开始财政重建时，这种紧缩政策很快受到重挫。在这些挫折不断重演的过程中，不仅实施的全是些积极的财政政策，而且实际财政支出增加，然后导致财政赤字不断增加。如图2所示。

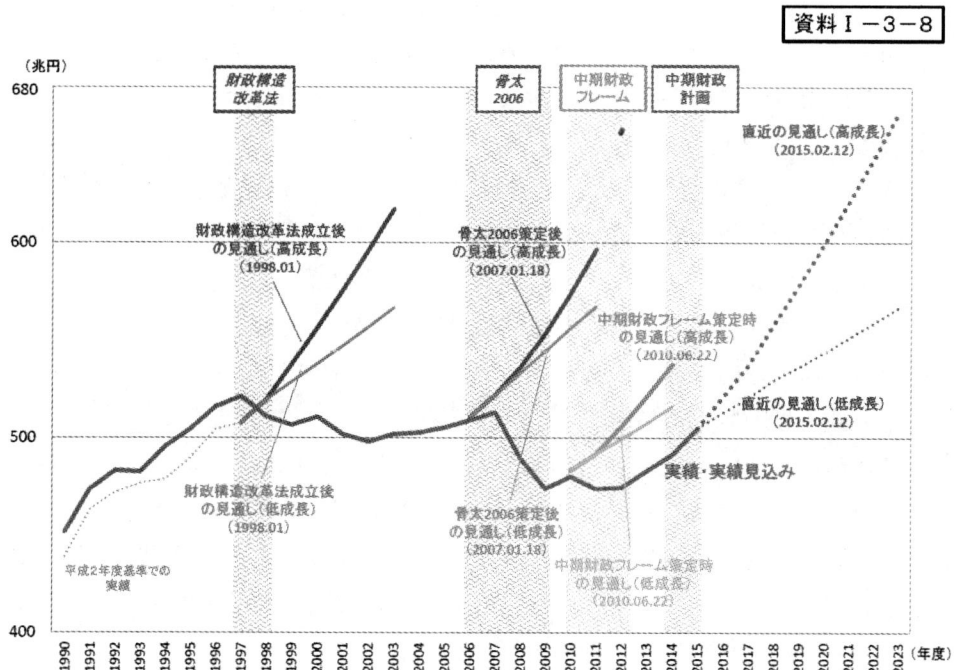

图2　見通し・計画と実績（名目GDP）

资料来源：日本财务省，财政制度审议会资料。

（三）政治上独立的财政部门

官僚们最好在独立于政治家的机构中发挥自己的能力。但他们也有利己的动机。一般来说官僚能够比政治家获得更多的信息。当政治家无法从官僚那里获得准确信息的时，会出现另一种意义上的效率低下。另外，这里所说的"官僚"包括主管部门+族议员，他们可能会为了试图确保其既得利益和租金，高估某项公共事业的收益或低估成本。不属于族议员的普通政治家和选民很难检查出这些原因。在这种情况下，即使财政机构掌握预算编制权，如果信息是掌握在官僚手中，预算编制就会变得效率低下。

还有一种提案是把财政部的预算编制权转让给内阁官邸（咨询会议）和国会。但是，只要无法获得有关公共支出成本和收益的正确信息，单转移预算编制权是无法产生理想的结果的。而比起强调预算编制权的独立性，强调公开公共支出成本和收益信息会更有效。从这个意义上说，建立一个致力于成本效益分析的独立机构的也不失为一种方案。

在中央政府指导和规范行业及地方自治体等的时代，赋予官僚很大的自由裁量权是激发干劲的重要因素。然而，随着经济和社会行为的改变，中央政府的监管和指导力度减弱，很难再以这种形式对待官僚，用钱也能激发干劲，有必要朝着薪酬体系改变。

此外，预算编制可以公式化为委托代理的问题。使用道德风险（因没能很好地观察对方的行为而产生的无用的预算编制）的软预算（因缺乏成本意识而产生的无用的预算编制）这两个概念，可以很好地解释公共工程的浪费和过大。

例如，日本的中央政府可能不太了解地方自治体的类型。从总务省等派遣官僚成为地方自治体的干部，中央政府或财务省虽然知晓当地政府过去进行了很多无用的公共工程项目，但信息仍然是不完整的。由此，委托人（财务省）通过多编制了预算，让代理人（地方自治体）以自己的方式，即使是某些带有政治偏见的行动，实行有益的开支，结果造成不必要的公共工程增加。

为了让独立的金融机构发挥其优势，强化预算硬性约束非常重要。不诉诸如其他资金和预算赤字，在给定的财政控制内进行建立起财政管理的框架，从政治偏见中独立出来，财政机构才开始出现优越性。

（四）健全财政约束制度

要将财政赤字作为一个直接的政策目标看似是合理的，但实际上很难控制财政收支平衡。不如说总支出的上限对减少财政赤字更为有效。在一个单独的佩戈原则（目的税联动）中，不允许在无法确保资金的情况下增加个别财政支出，这也具有抑制新的开支膨胀的效果。有必要考虑包括修正预算在内的抑制总支出的机制。财政在建目标对未偿还债务来说也很重要，对处理公债以外的政府债务也很重要。如果做出未来承担巨大的公共养老金债务的承诺，这些隐藏的未来债务也应考虑在内。

总的来说，与中央银行不同的是，财政部门实现政治独立性相对更为困难。但是，如果以无法正确反映民意的现实情况下的预算为前提，那么为了确保财政约束，至少在对宏观经济前景和税收收入的估计上，希望能作为政治上独立的机构负起责任。建立一个可以客观地对每项支出进行成本效益分析独立的财政机构，是十分有益的。在这种情况下，有必要广泛公开关于估算方法及其结果，并对预算编制和财政管理加以有效的财政约束。财政管理既然把最终选择权赋予民意，与此相关的财政约束也只有在选民和公民的严格监督下，才能更有效地发挥作用。

具有约束力的框架具有多大的效力，取决于政治家和选民面对诱因时在遵循既定的限制上能坚持多久。随着宏观经济环境恶化，对短期得失变得敏感，那么约束就难以具有实效。实施具有长远目光的财政再建政策，需要一个让可靠的政策赢得更多信任的自我实现机制。这也与公众意识、选民与政治家之间的距离、政治领导力有关。如果现实中的政治决策存在问题，只能从短期的角度做出政策决策，那么本应是临时措施的自由裁量政策就将失去节制。当然，也应考虑到在市场的压力下，约束力可能有一定的提高。

参考文献

[1] 浅子和美・坂本和典（1993）「政府資本の生産力効果」『フィナンシャル・レビュー』第 26 号，97－102。

[2] 浅子和美・常木淳・福田慎一・照山博司・塚本隆・杉浦正典（1994），「社会資本の生産力効果と公共投資の厚生損失」，『経済分析』，第 135 号。

[3] 井堀利宏＝土居丈朗「財政政策の評価と制度設計」「経済制度の実証分析と設計」第 3 巻 林 文夫編 勁草書房 2007 年。

[4] 井堀利宏・近藤広紀（1998），「公共投資と民間消費：財政赤字と乗数の分析」，『フィナンシャル・レビュー』，第 47 号，10 月，106－133 頁。

[5] 岩本康志（1990a），「日本の公共投資政策の評価について」，『経済研究』，第 41 巻第 3 号，7 月，250－261 頁。

[6] 岩本康志（1990b），「公共投資の最適水準」，『大阪大学経済学』，第 40 巻第 1・2 号，9 月，242－250 頁。

[7] 鴨井慶太・橘木俊詔（2001）「財政政策が民間需要へ与えた影響について― Structural VAR による検証―」『フィナンシャル・レビュー』55 pp.

1-21.

[8] 近藤広紀・井堀利宏（1999），「最適社会資本・公共投資規模と民間消費の動向」，『日本経済研究』，第 39 号，8 月，55-75 頁。

[9] 近藤春生（2013）『道路投資における政治的要因の実証分析』日本応用経済学会 2013 年度春季大会報告論文

[10] 斉藤淳（2010）『自民党長期政権の政治経済学―利益誘導政治の自己矛盾―』勁草書房

[11] 田中宏樹（1999）「日本の公共投資の経済評価―ヘドニック・アプローチによる事業分野別投資便益の計測―」『フィナンシャル・レビュー』第 52 号，42-66

[12] 田中秀明『財政規律と予算制度改革』2011 日本評論社

[13] 中里透（1999）「公共投資と地域経済成長」『日本経済研究』第 39 号，97-115

[14] 中里透（2001）「交通関連社会資本と経済成長」『日本経済研究』第 43 号，101-117

[15] 中里透（2003）「社会資本整備と経済成長―道路投資を対象とした実証分析―」ESRI Discussion Paper Series No. 51

[16] 長峰純一・片山泰輔編（2001）『公共投資と道路政策』勁草書房

[17] 樋口美雄・中島隆信・中東雅樹・日野健（2003）「財政支出の推移と地域雇用」『フィナンシャル・レビュー』第 67 号，120-149

[18] 土居丈朗（1996）「日本の都市財政におけるフライペーパー効果」『フィナンシャル・レビュー』No. 40、95-119 頁。

[19] 土居丈朗（2000）「日本の都市財政におけるフライペーパー効果とスピルオーバー効果」『三田学会雑誌』vol. 93、No. 2、75-90 頁。

[20] 三井清（2008）「分野別社会資本の限界便益に関する地域間比較」大瀧雅之編，213-239

[21] 三井清・井上徹・竹澤康子（1995）「社会資本の分野別生産力効果」三井清・太田清編『社会資本の生産性と公的金融』日本評論社，155-171

[22] 宮川努，川崎一泰，枝村一磨（2013），社会資本の生産力効果の再検討，経済研究 Vol. 64，No. 3，240-255

[23] 宮崎智視（2004）「道路資本の生産力効果―地域間格差に着目した分析―」『応用地域学研究』第 9 号 1 巻，39-48

[24] 宮崎智視（2014）「交通関連社会資本の生産性分析」日本交通政策研究会シリーズA－543。

[25] 吉野直行・吉田祐幸（1988），「公共投資の地方への配分の実証分析」，『ESP』，6月，42－47頁。

[26] Barro, R. (1991) "Economic Growth in a Cross Section of Countries," *Quarterly Journal of Economics* 106 (2), pp. 407－443

[27] Ihori, T., H. Kondo. (2001) "Efficiency of Disaggregate Public Capital Provision in Japan," *Public Finance and Management* 1 (2), pp. 161－182

[28] Ihori, T., T. Doi, and H. Kondo, (2001), "Japanese fiscal reform: fiscal reconstruction and fiscal policy," *Japan and the World Economy*, 13, 4, 351－370

[29] Mera, K. (1973) "Regional Production Functions and Social Overhead Capital: An Analysis of the Japanese Case," *Regional and Urban Economics* 3 (2), pp. 157－186.

[30] Stähler, N. (2007) "Taxing Deficits to Restrain Government Spending and Foster Capital Accumulation," Deutsche Bundesbank, Research Centre in its series Discussion Paper Series.

[31] Woo, J. (2005), "Social Polarization, Fiscal Instability, and Growth," *European Economic Review*, 49, 1451－1477.

中国财政政策可持续性分析

王志刚

引　言

2008年国际金融危机爆发以来，各国纷纷采取了扩张性的经济刺激政策，首先是央行的量化宽松的货币政策，导致利率持续走低甚至徘徊在零利率附近，货币政策边际效应不断弱化更加凸显积极财政政策的力量。不可否认，各国政府相机抉择的积极财政政策可以挽救经济衰退，但是也会带来政府债务的快速增长，从2007年到2016年除德国外的G7国家政府净债务负担率都在上升（Auerbach，2017），政府债务负担率的上升可能意味着未来财政空间的收缩。从理论上讲，高企的政府债务会加重未来征税的预期，会产生"李嘉图等价"效应，短期不利于需求扩大，长期不利于经济增长。当人们开始反思产生经济危机的原因，负债消费或投资带来的增长模式是一个很重要的因素，各个市场主体都在不断加杠杆，导致了全社会杠杆率的持续上升，当大家对未来预期乐观时，杠杆率上升和经济快速增长同时出现，一旦经济出现拐点，市场信心出现萎缩，那么经济下行就会通过各类杠杆效应扩大，整个社会可能会陷入债务—通缩困境。如何能够保证在稳妥去杠杆的同时不出现经济的大幅下降，对各国政府都是一个艰难但又不得不面对的选择。

作者简介：王志刚，中国财政科学研究院宏观经济研究中心副主任、研究员。

回顾中国的政府债务发展也经历了无债到有债，从少债到多债，应该说中国政府债务的增长是伴随着中国城镇化、工业化、市场化进程而出现的，债务增长在客观上促进了中国经济增长，在1998年和2008年反周期调控中发挥了积极作用，但是一些地方政府利用融资平台服务当地经济发展的同时也积累了不少债务。债务同时也是年度预算赤字的累计，从1978年到2016年，中国财政一般公共预算赤字率在1979年达到3.3%，之后迅速开始下降，直到1981年财政出现盈余后又变为赤字而且赤字率不断升高，在2002年达到2.59%，然后就开始下降，2007年出现盈余。2008年国际金融危机后，中国出台了大力度的经济刺激计划，财政赤字率开始不断增长，这也让外界对中国的财政可持续性产生了深刻的担忧。当债务风险累积到一定程度就会带来系统性金融风险，也不利于经济可持续增长（Reinhart、Rogoff，2010），因此强化财政可持续性研究日益成为财政部门的重要工作。2015年在新《预算法》指引下，中国政府通过债券置换方式来逐步化解地方政府债务存量风险，通过债务合规性审查来规避增量债务风险，这两种手段正在逐步发挥作用，但是要真正打破预算软约束还需要更多的举措。

财政只有可持续才能保证有足够的财政空间来应对各种不确定性带来的挑战，赤字和债务并不可怕，可怕的对现实缺乏足够深入细致的分析，本文所研究的财政可持续性主要体现在对债务可持续性的分析上，我们将使用国际组织所采纳的标准计量分析工具，就不同的宏观经济情景进行模拟测算可持续的预算赤字率水平。本文结构主要分为四部分，第一部分是文献回顾，第二部分是财政可持续性理论分析，第三部分是中国财政可持续性实证研究，最后是政策建议及思考。

一、文献回顾

研究财政可持续性主要有两大类主流方法：一大类是会计指标方法。利用会计方法，测算年度债务余额与每年的债务增量、利率水平、还本付息能力、负债率、债务率、债务依存度等指标。国际上判定财政风险和财政可持续状况最常用的警戒线标准，是《马斯特里赫条约》规定的欧盟国家财政赤字率不超过3%、负债率不超过60%的临界值。需要注意的是《马约》规定的临界值只是欧共体成员加入欧洲经济货币联盟的入围标准，是政治谈判的结果，有理论依据，但更多是经验性指标，并非是真正的国际标准。第二类方法，是检验政府财政是否满足跨期预算约束条件（称为"非庞氏（庞茨，蓬齐，Ponzi）博弈条件"），即未来所有财政收入的现值等于未来的财政支出加上未偿付债务的现值。如果等式成立，财政就是可持续的；反之，是不可持续的。从计量经济分析角度，主要有两类方法来检验跨期预算约束是否成立：一是检验公债或赤字的平稳性。如果一国的财政赤字或未来债务是平稳的，说明财政收支满足政府跨时预算约束，存在财政可持续性，否则，跨时预算约束不成立，财政不可持续。二是检验财政收入与财政支出之间是否存在长期协整关系。如果财政收入与财政支出存在长期协整关系，则跨期预算约束成立，财政是可持续的；反之，则跨期预算约束不成立，财政不可持续。本文将采用第二种分析框架，分析测算可持续的基础赤字率。

Burnside（2005）主编的《财政可持续性的理论与实践手册》一书对财政可持续性做出了全面而系统的分析，给出理论分析和实证验证工具，并且对个别国家做了案例分析，还就金融危机和财政可持续性的联系进行了深入分析。Alan J. Auerbach 和 Yuriy Gorodnichenko（2017）的文章分析了2008年以来发达国家财政刺激政策效果，他们指出对于一个疲弱的经济而言，尽管财政刺激政策会提高债务负担率，但是却有助于保障财政可持续性。贾康和赵全厚（2000）探讨了中国国债的适度规模，区分了名义和现实规模，指出中国国债名义规模不能反映现实规模，因为目前还存在着其他各种形式的性质上类同于国债的国家负债。马拴友（2001）计算了我国公共部门实际赤字和可持续赤字水平，全面评价了中国财政政策的可持续性。需要指出的是评价财政政策所用的赤字指标需要进一步细分，实际赤字包含了经济周期变化（周期性赤字）以及相机抉择政策（结构性赤字）影响。长期影响主要来自于结构性赤字部分，是真正反映一国财政状况的指标。如果不加区分就会错误地根据预算余额的周期性波动来调整财政政策，做出错误判断，会增加经济系统的风险。相反，如果剔除周期性赤字影响，可以对长期的财政收支做出科学调整。尹恒（2008）基于中国1979—2004年财政收支和政府债务数据的研究表明，政府的跨时预算约束没有得到满足。政府可能没有主动地预测未来的财政收支和盈余，并把它作为确定当期债务规模的基础；或者说，政府债务的投资者也没有考虑政府的债务行为是否遵循跨时预算约束。王宁（2005）估计中国最大可承受的赤字率在4.04%—4.67%之间，负债率安全上限在50.51%—58.36%之间。张雷宝和胡志文（2009）认为，中国的赤字率、负债率的上限分别是4.05%和49.05%。中国社科院财贸所（2009）则认为，赤字率上限可达到5%的标准。王志刚（2012）对各种不同经济参数组合下的可持续性赤字率进行评估测算，同时检验了财政可持续性，认为中国财政基本可持续。盛松成（2016）测算认为，所谓3%的赤字警戒线并不符合我国的实际情况,即使赤字率达到 4%,我国 10 年后的政府负债率也仅为 68.9%,低于大多数国家。

二、财政可持续性理论分析框架

财政可持续性问题集中体现在债务可持续性上面,和西方发达国家不同的是,中国的债务多属于生产性债务,大量的债务来自于政府投资建设所致,这些债务增长的同时也积累了大量的公共资本,这些公共资本会有利于提高私人资本生产率,共同推动全社会资本形成进而拉动长期增长,同时一些公共资产的资产证券化或是处置收入都可以为债务偿付提供新的来源。下面的债务可持续分析框架仍然借鉴目前常用的评估模型,这是一个基准的分析框架,要深入分析中国债务可持续性还可以在此基准模型基础上进行适当的拓展,中国官方公布的预算赤字率主要是一般公共预算账户,除了这个账户,政府还有政府性基金预算、国有资本经营预算、社会保险基金预算,而且政府性基金预算可以调入一般公共预算,每年的结余或超收收入也可以调入一般公共预算账户中,中国的预算账户体系制度设计和国外并不完全一样。还有一点需要特别说明,2009 以前,财政赤字指的是中央财政赤字,2009 年—2014 年,为应对国际金融危机,经国务院同意由财政部代理发行地方政府债券用以弥补地方财政收支差额;2015 年起,按照新《预算法》规定,地方政府可以通过发行一般债券弥补收支差额,地方政府债券中的专项政府债券不计入赤字口径,一般政府债券计入赤字口径,如果按照部分研究者的广义赤字口径就需要把相关的可偿债收入因素纳入进来。因此,下面分析的结果不能简单地和国外进行一一对比。

众所周知,债务是借款人凭未来收入借入资源以弥补当期预算赤字的行为,它本质上是一个动态问题,涉及当期预算约束和跨时预算约束。在私人借贷市场上,贷款人会根据借款人未来净收入流的现值来确定出借额度,理性的借款人也会根据预期收入流对其借款量进行自我约束。也就是说,虽然人们在当期可以留下预算赤字,用债务平衡当期预算,但从整个生命周期看,必须积累足够的盈余偿还当期的债务,即跨时预算约束应该得到满足。这是因为私人部门存在确定的预算跨度,加总各期的即期预算约束,可以明确得到跨时预算约束。然而,政府债务与个人借款存在重要的差别。个人的寿命是有限的,政府却没有确定的终止期限,它甚至可以发行无确定偿还期的付息债券。这样,即使即期预算约束都满足,由于不存在确定的终止期限,加总各期的即期预算约束也不会自然保证跨时预算约束成立,预算约束并不一定对政府的借款行为施加真正的限制。政府可以通过不断地借新债以偿还旧债和用于其他支出,这就是所谓的"庞氏(Ponzi)博弈"。也就是说,政府能够持续维持预算赤字,超然于跨时预算约束之外。

1. 基本理论模型

政府跨期预算约束条件,可以表述为下面的恒等式:新增债务=利息支付-初始财政平衡-铸币税,新增债务是新发行债券减去该时刻为止要偿还的历史债务。可以用数学公式表示如下:

$$B_t - B_{t-1} = I_t - \chi_t - (M_t - M_{t-1}) \tag{1}$$

其中,B_t、I_t、χ_t、M_t 分别表示 t 时刻为止政府持有的公共债务数量、利息支付、初始平衡(收入减去非利息支付)、基础货币。这里的债务和利息支付都是一个净值概念,也就是说债务应该对应于任何一种资产净值,利息应该是净利息支付;其次,这里的分析指的是政府或公共部门,不同的变量对应于不同的概念。例如,包括铸币税收入在内(或基础货币变化)意味着公共部门包含中央政府以及央行在内。通常我们定义公共部门包含中央和各级地方部门,国有非金融企业,中央银行。有时也包含地方金融机构,但通常不考虑。

研究政府债务的动态变化,对(1)式进行变化,考虑价格因素,调整为:

$$b_t = (1+r)b_{t-1} - \chi_t - \sigma_t \tag{2}$$

其中,$b_t = \frac{B_t}{P_t}$,$x_t = \frac{\chi_t}{P_t}$,$\sigma_t = \frac{(M_t - M_{t-1})}{P_t}$,分别表示实际值。假定债务是实际值并支付一个不变的实际利率 r。可以通过迭代的方法,将上面的公式整理为:

$$b_{t-1} = (1+r)^{-(j+1)} b_{t+j} + \sum_{i=0}^{j} (1+r)^{-(i+1)} (\chi_{t+i} + \sigma_{t+i}) \tag{3}$$

如果施加非庞茨(No-Ponzi)条件:

$$\lim_{j \to \infty} (1+r)^{-(j+1)} b_{t+j} = 0$$

我们就得到了政府生命后期的跨期预算约束条件:

$$b_{t-1} = \sum_{i=0}^{\infty} (1+r)^{-(i+1)} (\chi_{t+i} + \sigma_{t+i}) \tag{4}$$

它的含义是政府为初始债券融资的资金来源包括增加铸币税以及在未来实现初始盈余,它们的贴现值等于其初始债务。财政可持续性分析的最基本工具是稳态版的跨期预算约束条件,和世界银行以及国际货币基金组织文献一致,先定义:$\bar{b}_t = b_t/y_t$,$\bar{x}_t = x_t/y_t$,$\bar{\sigma}_t = \sigma_t/y_t$,则(4)式可以写为:

$$\bar{b}_{t-1} = \sum_{i=0}^{\infty} (1+r)^{-(i+1)} (\bar{\chi}_{t+i} + \bar{\sigma}_{t+i}) \frac{y_{t+i}}{y_{t-1}} \qquad (5)$$

假定稳态时经济增速为 $g = \frac{y_t}{y_{t-1}} - 1$,$y_t$ 为实际 GDP,假定初始盈余占 GDP 的比例为一个常数 $\bar{\chi}$,铸币税收入占 GDP 的比例也为一个常数 $\bar{\sigma}$,那么（5）式可以调整为：

$$\bar{b}_{t-1} = \sum_{i=0}^{\infty} \left(\frac{1+g}{1+r}\right)^{i+1} (\bar{\chi} + \bar{\sigma}) \qquad (6)$$

假定实际利率大于经济增速（$r > g$）①,那么上式可以简化为：

$$\bar{b}_{t-1} \equiv \bar{b} \equiv \left(\frac{\bar{\chi} + \bar{\sigma}}{\bar{r}}\right), \bar{r} = (r-g)/(1+g) \qquad (7)$$

戴蒙德（Diamond）分析自由市场经济下社会的均衡状况,其分析结论认为,自由市场经济的均衡并不是社会最优状态,自由市场均衡状态的资本存量可能高于也可能低于黄金律下的资本存量。特别在自由市场均衡状态的利率水平低于黄金律下的利率水平时,由于资本积累过多,整个社会甚至不是帕累托最优的,这就是宏观经济学中著名的资本积累动态无效率②。也就是说实际利率如果长久性低于经济增长率,会导致过度储蓄,这意味着经济是动态无效率（Dynamic Inefficiency）的。这里我们有两种方式来验证可持续性条件。一是假定合理的参数值 $\bar{\chi}$,$\bar{\sigma}$,r,g,这些假定要基于该国财政账户的历史趋势,典型的铸币税收入历史值,实际利率以及实际经济增速。这些可以用来估计均衡债务负担率,如果政府现有的债务比例超过该比例,就表明政府财政是不可持续的。另一种方法是将（7）式改写为：$\bar{x} = \bar{r}\bar{b}_{t-1} - \bar{\sigma}$,给定 $\bar{\sigma}$,r,g 估计,我们就能确定出要保证财政可持续性（设定一个临界值例如欧盟债务负担率60%标准）的初始平衡 $\bar{x}$ 条件大小。假定一国在 t 时期的债务负担率为 $\bar{b}_t$,要求在 J 期内达到一个债务目标 $\bar{b}^*$,它们对财政政策限制如何,我们可以反推算出所需的初始财政平衡条件：

$$\bar{x} = \bar{r} \frac{(1+\bar{r})^J \bar{b}_t - \bar{b}^*}{(1+\bar{r})^J - 1} - \bar{\sigma} \qquad (8)$$

---

① 这个假设并不适用于目前的中国,中国的经济增速是高于实际利率的。

② 最后,戴蒙德运用这一模型研究了国债在经济中的作用。他发现,如果自由市场经济均衡状态是动态无效率的,则引入国债可以改善社会福利,并且能使经济达到资本积累黄金律状态；但如果自由市场经济均衡已经处于帕累托最优状态,那么引入国债反而会损害社会福利。

假定债券为一年期，实际利率固定不变。如果剔除物价因素，（1）变换得到下面公式：

$$b_t - \frac{1}{1+\pi_t} b_{t-1} = i_t - \chi_t - \sigma_t \tag{9}$$

其中，$\pi_t = \frac{P_t}{P_{t-1}} - 1$ 表示通胀率。除了假定实际利率不变外，还定义为一年期内政府债务的平均事后实际利率。那么上面（9）式可以调整为：

$$b_t = (1+r) b_{t-1} - \chi_t - \sigma_t + v_t \tag{10}$$

其中，$v_t = i_t - \left(\frac{r + \pi_t + r\pi_t}{1 + \pi_t}\right) b_{t-1}$ 是误差项，它的均值应该为零。

对（10）式进行迭代计算后得到：

$$b_t = (1+r)^{-j} b_{t+j} - \sum_{i=1}^{j} (1+r)^{-j} (\chi_{t+i} + \sigma_{t+i} - v_{t+i}) \tag{11}$$

Hamilton 和 Flavin 假定政府受到借贷现值约束意味着：

$$b_t = E_t \sum_{i=1}^{\infty} (1+r)^{-j} (\chi_{t+i} + \sigma_{t+i} - v_{t+i}) \tag{12}$$

E_t 是 t 时刻是人们基于所有掌握信息基础上的条件期望算子。（11）式成立意味着：$\lim_{j \to \infty} (1+r)^{-j} E_t b_{t+j} = 0$，这个条件类似于前面的跨期预算约束，只是采用了条件期望形式。如果定义 $\eta_t = -E_t \sum_{i=1}^{\infty} (1+r)^{-i} v_{t+i}$，$z_t = \chi_t + \sigma_t$，上面式子可以重新写为：

$$b_t = E_t \sum_{i=1}^{\infty} (1+r)^{-j} z_{t+i} + a(1+r)^t + \eta_t \tag{13}$$

假定 $E_t \sum_{i=1}^{j} (1+r)^{-j} z_{t+i}$ 和 η_t 均为平稳过程，那么 b_t 也是平稳序列当且仅当 $a \neq 0$[①]。对于财政可持续性的检验[②]就简化为检验下面的零假设：$H_0: a = 0$。

2. 债务动态模型

债务动态模型主要分析债务负担率（债务/GDP）的演进路径，通过计算（9）得到下面长期可持续公式：

$$\bar{b}_t - \frac{P_t y_{t-1}}{P_t y_t} \bar{b}_{t-1} = \bar{i}_t - \bar{\chi}_t - \bar{\sigma}_t \tag{14}$$

---

① 限于篇幅，有些推导步骤略去。

② 当然，也有人也对这种统计检验提出了批评，包括单位根检验的功效过低，基于历史数据的后向法而不是前向预期；另外该检验过于集中在检验（12）式上，如果不成立也并能必然是非持续的。

定义名义经济增速 $z_t = (1 + \pi_t)(1 + g_t) - 1$，将此带入（14）得到：

$$\bar{b}_t - \bar{b}_{t-1} = \bar{i}_t - \bar{\chi}_t - \bar{\sigma}_t - \frac{\pi_t}{1 + \pi_t}\bar{b}_{t-1} - \frac{g_t}{1 + z_t}\bar{b}_{t-1} \tag{15}$$

也就是说债务负担率变化来自于五个部分：（1）利息支付；（2）初始财政平衡（赤字）；（3）铸币税；（4）通胀效应；（5）增长效应（取决于实际经济增速和通胀）。因此，要降低债务负担率，除了降低利息支付的数额，政府可以从几个方面入手，降低赤字率，增发货币或制造通胀，或是推动经济增长，这些都有助于降低债务负担。

如果我们考虑到外债的情形，政府的债务就包含两部分：$B_t = B_t^D + B_t^F S_t$，S_t 是 t 期末汇率（单位外币折合的本币数额）。根据 Burnside（2005）的推导，我们可以得出下面的公式：

$$\bar{b}_t - \bar{b}_{t-1} = \bar{i}_t - \bar{\chi}_t - \bar{\sigma}_t - \frac{\pi_t}{1+\pi_t}\bar{b}_{t-1} - \frac{g_t}{1+z_t}\bar{b}_{t-1} + \frac{S_t^{-} - S_{t}^{-}}{S_t}\bar{b}_t^F + \left(\frac{S_t^{-} - S_{t-1}^{-}}{S_{t-1}}\frac{1}{1+z_t}\right)\bar{b}_{t-1}^F \tag{16}$$

或（16）式如下：

$$\bar{b}_t - \bar{b}_{t-1} = \bar{i}_t - \bar{\chi}_t - \bar{\sigma}_t - \frac{\pi_t}{1+\pi_t}\bar{b}_{t-1}^D - \frac{g_t}{1+z_t}\bar{b}_{t-1} + \frac{S_t^{-} - S_{t}^{-}}{S_t}\bar{b}_t^F$$
$$+ \left(\frac{S_t^{-} - S_{t-1}^{-}}{S_{t-1}}\frac{1}{1+z_t} - \frac{\pi_t}{1+\pi_t}\right)\bar{b}_{t-1}^F$$

其中，S_t^{-} 表示 t 时期的平均汇率，$\bar{b}_t^D = B_t^D/(P_t y_t)$，$\bar{b}_t^F = B_t^F S_t/(P_t y_t)$。

其中（15）式和前面的很相似，第 1、2、3 和第 5 项和（14）式一样：利息支付、初始平衡、铸币税、增长效应；不同的是第 4、6 项，一个是通胀效应，这适用于整个债务存量；此外还有货币名义汇率重估效应，它非零的重要条件是该时期内名义汇率发生了变化。如果本币在该时期贬值，那么重估效应为正，这会加重本国有效债务负担。定义如果在给定的实际 GDP 增速目标和不变的实际利率前提下，一个初始财政赤字（或盈余）不会导致债务负担率持续增加（$\Delta \bar{b}_t = \bar{b}_t - \bar{b}_{t-1} = 0$），那么它就是可持续的财政状况。

三、中国财政可持续性判断

中国债务规模经历了从无到有，从少到多的历程，债务政策已经成为财政政策的一个重要组成部分。不同社会制度的国家，债务支出在财政预算上的处理不同。长期以来，中国在内债本金偿还上一直采用借新债还旧债的方法。为了控制债务风险，中央财政已经将债务列入预算。其中，中国对内债的举借和还本付息由财政部统一办理，其收支都作为财政收支，并列入当年的国家预算、决算（曾有个别年度的公债收支，因弥补上年和当年财政赤字等原因，未列入预算）。至于外债的还本付息，除属于部门、单位自借自还部分不列入财政预算外，属于国家统借统还部分作为财政收支，在国家预算收入中列"国外借款收入"，国家预算支出中列"使用国外贷款项目的拨款支出"。偿还贷款时，根据还款计划在预算支出中列"国外借款还本付息"。属于部门、单位代表国家统一借入部分全部列入财政预算，以反映国家统借外债全貌，便于财政对统借外债的管理监督。据统计，1990年到2016年，国债发行额从197.23亿元增加到30869.32亿元，年均增速为23.14%；期末余额从890.34亿元增加到120066.75亿元，年均增速为20.96%。

和发达国家相比，中国债务偿付比率还处于可接受水平，2016年国债余额加上地方政府债务余额（其中，一般债务余额为97867.78亿元，专项债务余额为55296.23亿元）共计273230.8亿元，测算债务负担率为36.71%，远低于60%临界值，总体债务风险可控。但是需要关注的是近年来随着债务偿还高峰期的到来，每年债务付息支出压力不断增加，据《2016年中央财政预算报告》显示，中央财政国债余额限额为12.59万亿，预计年度债务付息支出3299亿元，同比增长15.1%。而2015年，中央财政债务付息支出为2866亿元，同比增长11.3%。从国内外债务结构看，中国中央政府的债务以国内债务为主；《2016年中央财政决算报告》显示，内债余额占国债余额的比例为98.95%，仍然处于绝对比例优势，另据国家统计局显示，2016年外债负债率为12.7%。从中央和地方的债务结构看，2016年地方政府债务余额占总的债务余额比例为56.06%，由于现有财政体制下地方融资缺口压力大，导致出现各种不规范的融资行为，形成了直接或间接的债务，审计署的报告已经对地方政府债务风险给予高度关注。

从经济学原理看，如果国内债务负担率过高就很可能会诱发货币超发，进而带来通胀，外债过度也会带来主权信用降级进而恶化外部融资环境问题，要想保持一个财政可持续就需要把债务负担率稳定在一个合理的区间。但是分析债务负担率究竟多高好？这还需要仔细考察债务的使用结构。欧洲部分国家例如希腊把大量的资金投入到政府的福利性开支以及政府雇员的工资，导致这种高福利难以为继进而出现主权债务危机和债务违约风险。相比之下，中国的债务融资大都投向生产领域，如市政道路、公共交通基础设施建设以及公共卫生、义务教育、保障性安居工程等基本建设项目，形成了庞大的公共资产，这些生产性投资所形成的公共资本实际在某种程度上为私人资本发挥作用提供了互补作用。当然，中国生产性债务之所以这么多，跟我们的历史发展阶段、经济体制、行政体制等都有关系，随着未来大规模建设时期的结束，这些生产性债务的增量会逐渐减少。

根据前面提及的债务动态方程，我们可以得到维持既定的债务负担率所需的基本或初始预算盈余为：

$$\bar{i}_t - \bar{x} = \bar{\sigma}_t + \left(\frac{\pi_t}{1+\pi_t} + \frac{g_t}{1+z_t}\right)\bar{b}_{t-1}$$

这里面需要对铸币税收入测算做出说明，铸币税的具体测算参考人民银行张建华（2009）测算方法，将其1986—2008年数据外推到2014年，未来的铸币税设定就按照这个数据来进行估测。铸币税（Seigniorage）是中央银行从垄断发行基础货币中获取的利润。经济中分为两个部门，一个是发行基础货币的央行，一个是使用基础货币的私人部门，中央银行铸币税是私人部门为使用基础货币而转移给政府部门的资源。央行铸币税的测算方法有很多中，目前公认的有两类。

第一类是货币铸币税。文献中常用 $S_t = dM(t)/p(t)$ 表示一段时期的央行铸币税，用当年GDP调整表示为 $SM = dM(t)/GDP(t)$。以货币铸币税测算央行铸币税具有严格条件。考虑央行的公共职能，为实现一定的货币政策目标，央行经常通过金融工具来回收流通中的基础货币，这样央行的纸币并非一直增长。即使央行无视私人部门纸币需求的减少，只要私人部门仍然可用央行纸币缴纳政府税收，那么央行纸币会回流到政府部门，政府部门从纸币中获得铸币税就低于货币铸币税，因此货币铸币税表示央行可运用资产变化更为准确，在通胀率不高的情况下会高估央行铸币税。第二类是机会成本铸币税。中央银行基础货币分为两部分：一是私人部门持有用于日常交易的现金；二是商业银行缴存到央行的准备金。除了印刷和发行成本、维持纸币正常流通成本外，私人部门持有的央行纸币可以看作是央行发行的一种无息债券，央行发行这种无息债券节省的利息支出就是央行铸币税，是央行垄断发行的结果。有些央行对存款准备金支付利息，如果央行支付利率低于央行融资成本，央行会从商业银行存款准备金中获得利息节省，假定央行的融成本 $i(t)$，纸币余额为 $M(t)$，央行发行纸币为央行带来的利息节省为 $i(t)M(t)$，实际计算一般用财政债券即国库券（一般用一年期）的利率来作为 $i(t)$ 的代表；对价格调整后 $S = i(t) \times M(t)/P(t)$，如果央行对某些商业银行存款准备金付息（利率为 $ir(t)$，那么商业银行存款准备金为央行带来的铸币税为$[i(t) - ir(t)] \times R(t)$，因此央行从发行纸币和商业银行存款准备金中获得总铸币税为$[i(t)M(t) + (i(t) - ir(t)) \times R(t)]/P(t)$，现实中更常用的是用当年名义GDP进行调整，表示为：$S = [i(t) \times M(t) + (i(t) - ir(t)) \times R(t)]/GDP(t)$。这里我们折中处理，对铸币税占比采用均值形式，得到三个均值：货币铸币税占GDP比例均值为2.19%，机会成本铸币税占GDP比例均值为1.17%，2014年达到近五年的最低点。

假定未来的铸币税收入占GDP比例假定在（1.17%，2.19%）区间内。对于未来一段时期，我们可以改变各种参数来进行模拟，可持续的预算赤字率大概在1.22%—2.24%之间，如果考虑到利息支出部分，最终的可持续的初始或基础赤字率在1.64%—2.66%之间。如表3-1所示。

表3-1　　　　　　不同情景下可持续预算赤字率临界值模拟　　　　　　单位:%

	通胀率	经济增速	名义增速	债务负担率	可持续预算赤字率		初始赤字率	
情景1	3	6.5	9.5	60	1.22	2.24	1.64	2.66
情景2	3	6	9	60	1.22	2.24	1.64	2.66
情景3	2	6.5	8.5	60	1.22	2.24	1.64	2.66
情景4	2	6	8	60	1.22	2.24	1.64	2.66

注：可持续的预算赤字率对应两列分别是铸币税占GDP比例1.17%、2.19%。计算初始或基础赤字率设定的利息支出占GDP数值为2006—2013年的均值0.42%。

总的来说，可持续的财政赤字率和铸币税收入、经济增速、通胀率、负债率指标呈正相关关系。也就是说如果政府增发货币、保持较高通胀率、提高政府债务负担率上限以及保持经济高速增长的前提下，可以允许保持较高的财政赤字率。赤字率提高往往意味着政府实施了积极的财政政策，中国政府近年来为了促进经济免于颓势，实施了反周期的积极财政政策，对于稳定经济发挥了重要作用，尽管保持了一定的赤字和债务规模，但是这些债务多是生产性支出带来的，因此有利于长期经济增长，加之中国实行了稳健的货币政策，总体上看中国财政相对稳健。

这里需要特别说明的是，我们对债务动态方程的分析里面没有纳入一些政府收入来源，比如各类公共资产的变现处置收入，这些收入目前尚未有准确的数据支撑，但是可以肯定的是如果有大量的资产变现收入，那么可持续的预算赤字率也会得到相应的提高。另外这一分析框架对于债务和增长之间的内生性问题考虑不足，有时候增长会带来杠杆率上升，而杠杆率和增长也有某种非线性关系，所以要科学评估债务可持续还需要进一步的研究拓展。

1. 资产负债分析

IMF（2013）研究了 32 个发达经济体和新兴市场经济体的政府资产负债表，结果表明这些国家的非金融资产规模不断扩大，平均达到了 GDP 的 67%。政府部门的非金融资产主要是道路、房地产，大部分掌握在地方政府手中。对于大多数经济体来说，非金融资产难以脱售并获取收入，能处置的非金融资产规模约占 GDP 的 4%（意大利）—7%（日本）。如图 1 所示。

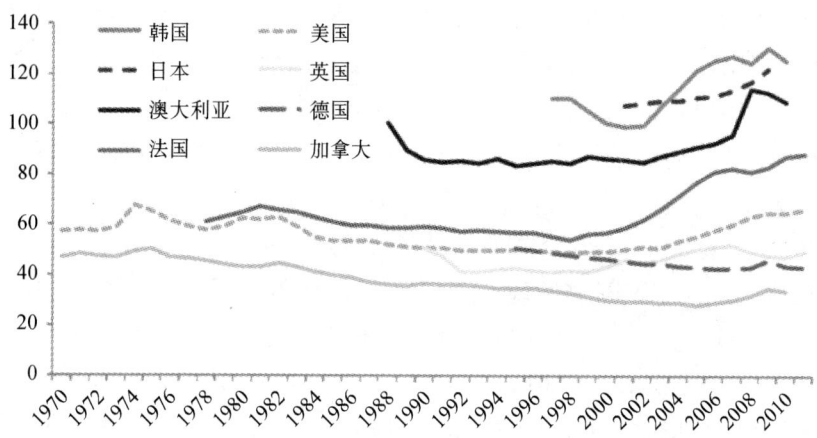

图 1　主要发达国家政府部门的非金融资产规模

来源：Elva Bova, Robert Dippelsman, Kara Rideout, and Andrea Schaechter. Another Look at Governments' Balance Sheets: The Role of Nonfinancial Assets, IMF Working Paper 1395, 2013, P12.

与西方国家不同的是，中国政府资产的规模非常庞大，政府资产负债率并不高。社科院财政税收研究中心课题组发布的《中国政府资产负债表2017》显示，2010 年至 2015 年，即使计入社保基金缺口的参考值，我国政府净资产（资产减负债）与 GDP 的比率平均也在 80% 以上，波动区间为 40 万亿元至 60 万亿元。从变现处置的角度讲，金融资产的流动性好，易于处置；而非金融资产不易处置，流动性不足。测算得到 2015 年末中国政府金融资产①规模为 260512.31 亿元，占当年 GDP 的比例为 37.80%，反过来非金融资产占比为 62.2%，低于上面主要发达国家的平均值，这表明我们拥有较多的资产处置空间。

中央政府的资产负债表表现良好，而且中央政府拥有铸币税收入，还有众多可以动用的政策工具。中国债务风险主要体现在地方政府上，从资产结构看，地方

---

①　金融资产包括财政性金融资产、全国社保基金和其他金融资产。其中，财政性金融资产和其他金融资产分别为各级财政部门和其他政府单位所拥有的金融资产，包括现金、存款、有价证券等。其中，规模最大的是存款。其他部分的规模则相对较小，因此，只估算其中的政府存款和全国社保基金的资产。

政府所拥有的资产中结构比例从高到底依次是：资源性资产、国有经营性资产、国有非经营性资产、在人行的存款。实际上，从政府资产中可以看出，非金融资产占有较大比例，而在非金融资产中主要是由固定资产（楼堂馆所）以及其他非金融资产（土地储备）构成。从会计核算流动性角度看，非金融资产往往不易变现，变现成本比较高，一旦出现危机，变现它很难起到缓解债务压力的作用。土地储备则容易受到土地供求的影响，也会受到政府政策调控的影响，在经济不景气的时候土地成交价格会大幅缩水，由于土地储备往往是地方各类融资平台的优质抵押品，土地价格变化会产生"金融加速器"效应，进而带来经济的大幅波动。

总之，中国政府的总资产完全可以覆盖总负债且还有较大财政空间。中国政府债务风险总体可控，只需审慎、有效地应对，注意防范局部风险，就能有效应对债务风险。

2. 中国初步构建了一套相对完备的债务管理体系

为了控制地方政府债务风险，财政部从 2012 年开始向全国各级财政部门推广了政府债务管理系统，意图把相关的债务信息纳入一个统一的管理平台，为后续的规范化管理奠定基础。2014 年国务院颁布的 43 号文，具有总纲的作用，几乎涵盖了债务管理的各个方面，包括政府与金融机构、政府与融资平台、政府与社会资本、融资平台和金融结构之间关系给出了指导性意见，就地方政府规范举债融资机制、债务风险防范等做出具体布置，对后来的新《预算法》和相关债务管理制度有重要的指导意义。为了贯彻落实国务院的指示，财政部在 2013 年审计署债务审计的基础上继续进行了债务存量甄别工作，让债务管理做到"心中有数"。紧接着，2015 年的财政部的 225 号文就地方政府债务限额管理给出明确方案，为地方债务划出"天花板"。鉴于当前的形势，为防范债务违约风险问题，国务院在 2016 年就四类不同的债务风险事件给出了详细的应急处置方案，明确了偿债主体责任和应急处置手段；2016 年财政部就一般和专项债务预算管理给出具体的方案，做到了区别对待，明确要求不许发行新债来还旧债的本金和利息，从机制上消除借新还旧可能带来的债务滚雪球后果。2017 年在中央金融监管会议的精神指导下，财政部再次出台"关于进一步规范地方政府举债融资行为的通知"（财预〔2017〕50 号，以下简称 50 号文），文件以负面清单的形式在政府机构、社会资本、金融部门、融资平台之间划出清晰红线，比如说"地方政府不得以借贷资金出资设立各类投资基金，严禁地方政府利用 PPP、政府出资的各类投资基金等方式违法违规变相举债，除国务院另有规定外，地方政府及其所属部门参与 PPP 项目、设立政府出资的各类投资基金时，不得以任何方式承诺回购社会资本方的投资本金，不得以任何方式承担社会资本方的投资本金损失，不得以任何方式向社会资本方承诺最低收益，不得对有限合伙制基金等任何股权投资方式额外附加条款变相举债"。可以说，50号文充分体现了目前大金融监管的思路，它是由财政部、发改委、司法部、人民银行、银监会、证监会六部门联合发布，旨在建立一种"跨部门联合监测和防控机制"，这在历史上也是少见的，这种大金融监管的思路和宏观审慎监管框架本质上是一致的，要协调好各部门的监管领域，防止风险交叉传播形成大的系统性风险。针对政府购买服务领域出现的违法违规融资乱象，2017年财政部严格按照新预算法和政府采购法要求，出台了《财政部关于坚决制止地方以政府购买服务名义违法违规融资的通知》（财预〔2017〕87号文），该文件指出"严禁将铁路、公路、机场、通讯、水电煤气，以及教育、科技、医疗卫生、文化、体育等领域的基础设施建设、储备土地前期开发，农田水利等建设工程作为政府购买服务项目；严禁将建设工程与服务打包作为政府购买服务项目。严禁将金融机构、融资租赁公司等非金融机构提供的融资行为纳入政府购买服务范围。"此外，财政部门还加大了各地财政专员办的监督职能，建立起对地方政府债务的日常监督机制，依法加大查处和曝光力度，对违法违规的地方政府、金融机构，会同有关监管部门依法追究有关责任人的责任。从2017年初到现在财政部已经就某些省市政府的违法违规融资进行严格的问责处置，彰显了法治财政的力度，有利减少地方预算软约束行为。见图2。

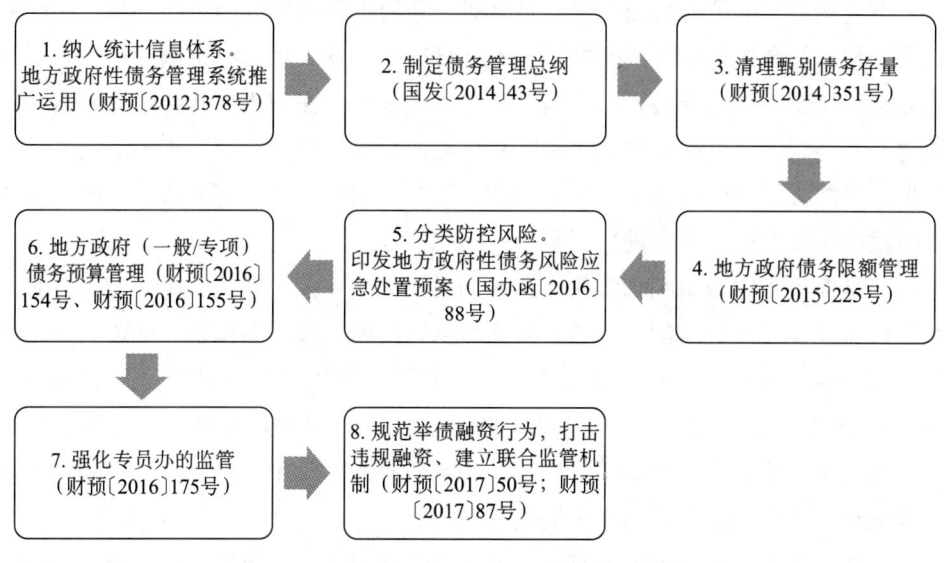

图2 中国债务风险防范制度演进

无论是清理甄别后的地方政府债务存量置换为地方政府债券，还是将原有的土地储备贷款转为土地储备专项债券，"贷转债"的方向明确，今后地方政府举借债务只能通过地方政府债券形式，而且未来除了近期出台的收费公路专项债券外还可能出现新的中国版市政债，这些专项债券都是纳入到地方专项债务限额中进行管理，这些专项债券强调了项目收益与融资自求平衡，明确了各级政府没有连带的担保责任和救助责任。此外，为了逐步消除以前贷款所形成的地方政府债务存量，财政部门加快了债券置换工作，2015—2016年累计置换8.1万亿，2016年末地方政府债务余额中地方政府债券的比例已达68%左右。通过政府债券置换，减轻了地方政府的利息负担，据财政部初步匡算，2015—2016年累计为地方节约利息支出6000亿元，扩展了地方政府的财政空间，有利于稳定地方经济增长；此外，债券置换还降低了银行的风险资产，增强了地方政府的财政政策空间，实现了多赢局面。

四、政策建议

前面的分析表明，央行货币政策从宽松到稳健会减少可持续的赤字率，经济增长的势头如果不能保持或是下降也会对财政可持续性带来不利影响，持续的通胀尽管会提高财政可容忍的赤字但是会对社会稳定带来不利的影响，最近金融监管的强化可能会抬升利率进而提高债务利息支出。从长远看，中国已经进入老龄化社会，不断增加的老龄人口负担率意味着未来社会保障支出将会承受相当大的压力；此外，如何打破地方政府和国有企业的预算软约束，消除市场刚性兑付的预期，这些都需要做出相关的政策调整。结合当前国内外经济形势，中国未来的财政政策可以在以下方面进行调整。

一是促进人力资本红利替代传统的人口红利。加大对教育、医疗卫生、职业培训投入以及投入机制创新，建立覆盖城乡居民的公共服务体系，促进人口跨地区、跨行业、跨部门流动，推动"以人为本"的新型城镇化建设。只有高质量的人力资本才能承接技术进步带来的新发展机遇，例如互联网、云计算、大数据、人工智能等，人力资本不仅提高劳动者自身的劳动生产率，还通过外溢性带动其他相关劳动者的劳动生产率提高。

二是完善个人所得税提高有效劳动供给。逐步建立以家庭为计征单位的综合所得税体系，对一些必要的儿童教育、家庭养老支出、房贷利息支出等进行适当扣除，这会提高有效劳动供给。

三是落实创新驱动战略，加大科技机制创新。不仅是加大科技投入，通过"花钱买机制"，建立一套适合国情的，能够激励科研人员创新、创业的科研管理机制。

四是适度扩大政府债券发行，尤其是长期国债和地方专项债券。政府债券凭借政府信用可以充分利用中国充裕的储蓄资金，更好地实现预算的跨期平衡，可以将税收负担进行很好的平滑，理论上讲如果未来人口的人力资本超过当前，劳动生产率更高，就可以承担相应的税负。此外，长期国债发行除了丰富现有债券品种、完善收益率曲线外，长期国债利率还将成为判断经济走势和宏观调控的风向标。地方专项债券可以在前期土地储备专项债券和收费公路债券基础上扩大发行品种，包括一些可以处置的国有资产都可以进行证券化设计，通过不断完善专项债券与项目资产、收益对应的制度，有效防范专项债务风险，满足地方政府建设发展的融资需求。

五是由财政部门统一编制资本性支出预算。为控制政府债务的膨胀，必须遵循预算管理的"黄金规则"，即债务资金应当仅限于资本性支出，公共债务存量的增加额不得超过净公共投资水平。目前各类资本性支出分散在各个部门之中，不利于财政统筹考虑政府投资和宏观调控。为此，应当尽早实现经常性支出和资本性支出预算的分别编制以及收支分离，这是确保政府的投融资活动在法律框架内活动，合理确定赤字规模，防止政府债务膨胀，提高资金使用效率的前提。

六是加强债务风险管理制度建设。要严格落实新《预算法》要求，以强化执法和责任追究作为加强地方政府债务监督的重要抓手，经常性组织开展专项核查，对违法违规举债担保行为零容忍，依法问责到人，遏制违法违规举债担保行为蔓延；控制各级政府信用的过度使用以及各类非法或违规的政府融资乱象，打破市场的刚性兑付预期，让地方政府能够相信"中央不救助"原则将成为常态。加快出台新《预算法》实施细则，规范地方债的发行和管理。尤其在地方债管理主体责任划分、债务额度的确定和调整依据、债务资金的使用管理、违法违规变相举债的界定和处理等方面需做出切实可行的详细规定。

七是强化财政与货币调控部门的协调配合。在财政与货币政策设计上充分考虑政府宏观调控目标组合、优先顺序，利率、货币供应量等货币政策工具要考虑对债务的影响，财政政策对对货币市场的影响也要充分考虑，最终要让财政与货币政策能够增强协同力，减少摩擦力，增强财政可持续性。

参考文献

[1] 陈共：《积极财政政策及其财政风险》，中国人民大学出版社，2003 年 9 月版。

[2] 丛树海：《财政扩张风险与控制》，商务印书馆，2005 年版。

[3] 丹尼·罗德里克：《相同的经济学，不同的政策处方》，中信出版社，2009 年版。

[4] 高铁梅：《我国财政政策乘数效应的动态分析》，《财贸经济》，2002 年第 9 期。

[5] 郭庆旺、贾俊雪：《稳健财政政策的非凯恩斯效应及其可持续性》，2006 年第 5 期。

[6] 国家统计局：《2010 年中国统计年鉴》，中国统计出版社，2010 年版。

[7] 高坚：《中国债券资本市场》，经济科学出版社，2009 年版。

[8] 韩文秀，刘成：《积极财政政策的潜力和可持续性》，经济科学出版社，2000 年版。

[9] 贾康、赵全厚：《国债适度规模与我国国债的现实规模》，《经济研究》，2000 年第 10 期。

[10] 劳伦斯·J. 克特里考夫：《即将到来的世代风暴》，东北财经大学出版社，2007 年版。

[11] 李萍主编：《地方政府债务管理：国际比较与借鉴》，中国财政经济出版社，2009 年版。

[12] 林双林：《中国财政赤字和政府债务分析》，《经济科学》，2010 年第 3 期。

[13] 刘尚希：《公共风险视角下的公共财政》，经济科学出版社，2010 年版。

[14] 刘尚希：《财政风险及其防范问题研究》，经济科学出版社，2004 年版。

[15] 马骏：《化解国家资产负债中长期风险》，《财经》2012 年 6 月。

[16] 马拴友：《中国公共部门债务和赤字的可持续性分析—兼评积极财政政策的不可持续性及其冲击》，《经济研究》，2001 年第 8 期。

[17] 倪红日：《解析积极财政政策的含义》，《财政研究》，2002 年第 6 期。

[18] 人民银行：《中国金融年鉴2010》，中国金融出版社，2010 年版。

[19] 盛松成，梁斌，《可较大幅度提高中国财政赤字率》，《财新周刊》，2016 年第 8 期。

[20] 童本立、王美涵：《积极财政政策风险与对策研究》，中国财政经济出版社，2002 年 4 月版。

［21］王宁：《中国财政赤字率和政府债务规模警戒线初探》，《财政研究》，2005年第5期。

［22］王志刚：《中国积极财政政策是否可持续》，《财贸经济》，2012年第9期。

［23］沃尔特·恩德斯：《应用计量经济学：时间序列分析（第二版）》，高等教育出版社，1999年版。

［24］尹恒、黄勔、鲁飇铮：《政府跨时预算约束是否满足——基于中国数据的检验》，《北京师范大学学报》（哲学与社会科学版），2008年第1期。

［25］约瑟夫·斯蒂格利茨：《发展与发展政策》，中国金融出版社，2009年版。

［26］张健华、张怀清：《人民银行铸币税的测算和运用：1986—2008》，《经济研究》，2009年第7期。

［27］张雷宝，胡志文：《中国财政风险两大警戒线的测算研究》，财经论丛，2009年第4期。

［28］中国证券监督委员会：《2010中国证券期货统计年鉴》，中国金融出版社，2010年版。

［29］Alan J. Auerbach, Yuriy Gorodnichenko, 2017, Fiscal Stimulus and Fiscal Sustainability, *NBER WORKING PAPER* No. 23789.

［30］Elva Bova, Robert Dippelsman, Kara Rideout, and Andrea Schaechter, 2013, Another Look at Governments' Balance Sheets: The Role of Nonfinancial Assets, *IMF WORKING PAPER* 1395.

［31］Barro and Robert J, On the Determination of the Public Debt. *The Journal of Political Economy*, Vol. 85, No. 5, 1979, pp. 940 – 971.

［32］Carlo Favero and F. Giavazzi, Debt and Effects of Fiscal Policy. *FEDERAL RESERVE BANK OF BOSTON WORKING PAPERS*, No. 07 – 4, 2007.

［33］Carmen M. Reinhart, Kenneth S. Rogoff, Growth In a Time of Debt. *NBER WORKING PAPER* No. 15639.

［34］Craig Burnside, *Fiscal Sustainability in Theory and Practice*, The World Bank, Washington D. C. , 2005.

［35］Diamond, Peter A. , National Debt in a Neoclassical Growth Model. *American Economic Review*, Vol. 55, 1965, pp. 1125 – 50.

［36］Escolano, J. , A Practical Guide to Public Debt Dynamics, Fiscal Sustainability, and Cyclical Adjustment of Budgetary Aggregates. *IMF Technical Notes and Manuals*, No. 2010/02, 2010.

[37] Rogoff, K., and C. Reinhart, Growth in a Time of Debt. *American Economic Review*, Vol. 100, 2, 2010, pp. 573 – 78.

[38] Sutherland, A., Fiscal Crises and Aggregate Demand: Can High Public Debt Reverse the Effects of Fiscal Policy?. *Journal of Public Economics*, Vol. 65, 1997, pp. 147 – 162.

公共债务积累与经济发展

[日] 小林庆一郎

一、前　　言

　　财政的持续性恢复是日本经济政策上的最大问题之一。虽然进行了两次消费税增税（1997年，2004年），但是泡沫经济过后的20多年间，公共债务的余额一直增加，难以充分实现财政重建。人们认为多年来无法真正的着手于财政重建的理由之一是，日本政策当局认识到了财政问题与经济发展之间的因果关系。关于财政与发展的因果关系，一般情况，经济发展低迷与其相应的经济政策带来的财政恶化（低增长导致财政恶化）之间存在着因果关系，但是认为其并不存在相反的（财政恶化导致低增长）因果关系。

　　如果经济增长率下降，在制度和政策上没有变化的话，税收减少便会导致财政恶化。对于"低增长导致财政恶化"这一因果关系没有任何质疑的余地。另一方面，财政恶化在或多或少的结构上导致经济增长下降，关于这一观点，较难进行直观性理解，且至今为止也很少有人主张这一点。这一观点在经济学界以及经济论坛上都还没有太多的讨论。

　　从民众角度来看，财政重建本身并不是一个没有条件的目标，其最终目标是

作者简介：[日] 小林庆一郎，日本庆应义塾大学经济学部教授。

感谢白井大地氏（佳能全球战略研究所）在数值计算方面提供的研究帮助。

日本经济和国民生活的健康发展，而财政重建是实现这一目标的手段。因此优先将泡沫经济崩溃和少子老龄化导致的经济发展停滞问题进行重启，决定将财政重建问题延后。这一判断是以提高国民生活水平为目的出发进行的合理性考虑。政策判断到，至今为止甘心忍受财政恶化反复实施经济对策，但无法减少持续增加的社会保障费。支持这个政策判断的根据便是上面的观点。

不过这种思维方式持有正当性有一个不可或缺的条件，那就是并不存在"财政恶化导致低增长"的因果关系。如果财政恶化成为了低增长的原因，那么经济对策等这些扩张型财政政策中，至少在中长期的政策上会出现经济发展恶化的可能性。经济增长率下降影响了国民生活水平的提高，阻碍了经济政策最终目标的实现。也就是说，如果"财政恶化导致低增长"这一因果关系存在的话，在"推后财政重建，实现经济增长率的提高"的方针下进行经济调控，会导致经济增长率下降这一完全相反的结果。如果这是正确的话，那么也可以说过去20年间日本经济政策的根本战略"由经济政策促进经济发展"是没有错的了。

因此，探究财政恶化与经济发展间的因果关系有着极其重要的政策意义。由于最近莱因哈特（Reinhart，2012）等根据实证研究提出"财政恶化导致低增长"的因果关系，财政与发展的问题在美国经济论坛上也被广泛提及。本文中，以莱茵哈特等人的研究为主体，概观财政恶化与经济发展相关联的现有研究，在整理论点的同时对新的理论模型进行分析，根据模拟对其性质进行研究探寻政策性意义。

本文的结构如下：第二节会讨论财政恶化阻碍经济发展相关现象的实证研究，第三节中会对理论性研究进行概述。第四节中会概观公共债务增加对经济发展促进效果的理论研究。第五节中对财政恶化导致经济增长率降低的理论模型进行构建，对现有研究与相关内容进行分析，并根据模拟对模型性质进行分析。第六节为结论部分。

二、关于财政与经济发展的实证研究

（一）公共债务积累（Public Debt Overhang）问题的提出

财政状况会对经济发展产生怎样的影响，这一问题从开始就受到了人们的关注。收集了近年来遭受财政危机国家的数据，并且对财政与经济发展相关的数据进行了进一步整理。分析这些数据，可以获得新的认识。

研究中，出现了认为与"低增长导致财政恶化"这一因果性相反的研究，也就是"财政恶化或多或少的在结构上恶化经济发展"。如果"财政恶化导致低增长"这一因果关系存在的话，"延后财政重建，通过其他的政策手段提高经济增长率"这一安倍经济学的基本战略就可能成立。即使实施了以提高经济增长率为目标的政策，财政继续恶化仍会抑制经济发展，可能无法达到增长率上升这一预期效果。这是现在与日本经济政策根本相关的重要问题。

主张公共债务积累（财政恶化）对经济发展造成负面影响的是莱因哈特（Reinhart）与罗格夫（Rogoff）在 2010 年与 2012 年关于公共债务积累问题的相关研究（Reinhart et al.，2012），Reinhart and Rogoff，2010）。莱因哈特在 2012 年的文章中，调查了在发达国家中发生的 26 次公共债务积累的实例，报告显示其中有 23 次还发生了 10 年以上的经济发展低迷期。应该关注的地方是，我们可以看到公共债务与经济发展间呈非线性的关系。公共债务占 GDP 比率超过 90% 时，与不到 90% 时相比，年经济增长率下降了 1.2%。公共债务与 GDP 比率较小时，不能发现债务增加对经济发展有什么影响，当债务超过了 GDP 的 90% 时，我们可以看到债务的增加伴随着经济发展的下降趋势。莱因哈特等人在 2012 年的文章中主张，在非线性的关系中，存在着"公共债务积累阻碍经济发展"的因果关系。

关于公共债务增加与经济发展下滑的因果关系，如果只是"经济发展下滑是公共债务增加的原因的话"，那么不管公共债务比例多大都可以观测到公共债务增加和经济发展下滑的相互关系。但是数据显示，公共债务比例较小的区域内不能够观测到这样的相互关系，只能在公共债务比例较大的区域（大概超过 90% 的区域）内能够观测到。公共债务超过一定的阈值后继续增加，便会或多或少在机制上阻碍经济发展，这些都告诉我们这样的因果关系真实存在着。这些便是莱因哈特等人在 2012 年的文章中所提出的观点。

在莱因哈特等人列出的 26 件高额债务实例当中，其中 10 件是日本过去 20 年间所发生的。报告显示在这些实例中，利率呈下降或稳定趋势。确实，日本在泡沫经济崩溃后的过去 20 年间，实际利率与之前的时期相比稳定在了一个较低的水平线上（贷款利率在 GDP 平减指数实际化后，将其利率与国际进行比较，日本的实际利率在过去 20 年间稳定在 3% 左右，这个数字与美国、法国等国基本持平甚至处于稍低的水平线上）。在低增长时期利率无法上升，表示了通常的"挤出效应"机制无法运作。也就是说，财政恶化多少在间接性机制上减少了民间经济主体的需求，有可能导致民间经济活动处于无效率状态。

另外本篇论文的基础是莱因哈特与罗格夫 2010 年的文章（Reinhart and Rogoff），在 2013 年时赫恩登等人在文章中（Herndon et al.）指出了其数据处理上的错误。2013 年时就其结果的可靠性进行了大范围争议。被指出的问题在莱因哈特 2012 年的文章中被删除掉了，此外赫恩登等人的修改结果也与莱因哈特等人 2012 年发表的内容，在本质上没有太大差异（Reinhart and Rogoff "Full Response from Reinhart and Rogoff" *NEW YORK TIMES*，April17，2013）。

财政恶化导致经济增长率下降这一实证结果，在切切里塔—韦斯特法尔与罗瑟 2012 年的文章（Checherita—Westphal and Rother）以及鲍姆（Baum et al.）等人 2013 年的文章中得到了确认。切切里塔—韦斯特法尔与罗瑟 2012 年文章中，使用过去 40 年欧洲 12 个国家的数据，通过各种方法对公共债务与人均 GDP 的关系进行了验证。结果显示，公共债务与 GDP 比率在 90% 到 100% 的水平时，公共债务比率增加减少人均 GDP 的情况会发生。公共债务致使 GDP 下降是通过民间储蓄减少，公共投资减少，全要素生产率减少这三条渠道作用的。鲍姆等人于 2013 年通过使用欧洲 12 个国家 1990 年以后的数据，对公共债务与人均 GDP 的关系进行了验证。其结果显示，公共债务于 GDP 的比率低于 67% 时，短期内会呈现出公共债务增加使得 GDP 增加的正面效果。但是数据显示当债务比例超过 95% 时，公共债务增加会使得 GDP 降低。此外还证实了，债务比率的增加会对利率产生影响。债务比率低于 GDP 的 70% 时，债务比率上升会导致利率下降，可以确认的是当债务比例超过 GDP 的 70% 时，债务比例提高会给利率带来上升压力。

（二）与过去实证研究的区别

公共债务积累问题，是近年来整理财政危机的数据库的发现结果。莱因哈特等人在整理数据之前，并不知道公共债务余额会对经济发展造成影响。巴罗和萨拉马丁（Barro and Sala–i–Martin）在 2003 年时发现政府消费与 GDP 的相对比例，对人均 GDP 有着负面影响，但是没有确认到公共债务数量对此有没有有意义的影响。此外费舍尔（Fischer）在 1991 年证实了，财政收支赤字会对人均 GDP 产生负面影响，但是无法确认公共债务数量是否会对此有所影响。

巴罗等人的研究与莱因哈特他们的结果有所不同，这其中有着值得我们关注的意义。巴罗和费舍尔等人的研究表示，政府消费与财政赤字的扩大会在政府的无效率活动上浪费资源。因此，他们得出的结果是，政府活动直接扩大了无效率化，其结果带来了经济发展的恶化。这和政府投资的"挤出效应"是统一的。

也就是说从巴罗和费舍尔的结果出发得出了"无效率化政府推动效率化民间活动"这一结论，但是财政恶化的结果就是使得民间经济活动本身也变为无效率化。此外莱因哈特他们最近的结果表示，并不是低效率的政府活动使民间活动发生挤出效应，进而导致经济发展下滑，而是由于财政恶化使得在一些原因下歪曲民间经济主体的决策，进而导致民间经济活动本身变得无效率。

此外巴罗和萨拉马丁于2003年，费舍尔于2001年都表示，财政支出的扩大与财政收支的恶化对经济发展有负面影响。另一方面，莱因哈特等人的结果显示，公共债务比率的阈值以90%为界，高于这一数值的话债务会使增长率下降，低于这一数值债务并不会对增长率造成影响。

因此，超过公共债务比率的阈值就会对经济发展造成负面影响。关于公共债务积累问题的结果，在拥有非线性这一问题上与巴罗等人的结果不同。可以说是这是莱因哈特等人通过最新研究得出的新发现。

三、理论研究概观——能否解释公共债务积累问题

本节中将会讨论，能否用现有的经济理论去对公共债务积累问题进行解释。纵观相关理论后，能够发现很难用现有的理论对公共债务积累问题进行解释。

（一）挤出效应

关于公共债务增加与经济增长率下降，首先人们认为"挤出效应"的机制作为教科书式的解释可以被应用。政府持续的随意支出财政使得资源被白白浪费，使得整体经济资源不足，民间投资难以充分实现。如果出现了挤出效应机制，结果会使民间资本储蓄不够充足，造成经济低迷。由于公共债务积累可以被视为随意性财政的指标，因此这个理论是具有说服力。但是从莱因哈特等人的公共债务积累数据来看，有很多实例不符合挤出效应理论。如果发生了挤出效应的话，那么实际利率一定会上升。但是像我们之前所讲的一样，莱因哈特他们调查的26件高债务实例中，有10件实例中利率下降或维持稳定不变。这些实例很难用挤出效应的机制进行解释。[①]

[①] 鲍姆等人于2013年进行的研究表示，国债积累会带来利率上升的压力，欧洲财政恶化的局面，正是挤出效应的机制的作用。

（二）非凯恩斯效应

我认为"非凯恩斯效应"是可以作为替代理论去对公共债务对经济发展造成负面影响的理论进行解释的。非凯恩斯效应是指，财政紧缩（财政扩大）时消费需求扩大（缩小）的现象。贾瓦斯与帕加纳于1990年（Giavazzi and Pagano）的文章中，对20世纪80年代丹麦和爱尔兰的财政重建实例进行了研究。与日本的财政恶化相关，非凯恩斯效果也多次受到了人们的关注［龟田（2008，2010）；中里（2002）］等。

关于非凯恩斯效应的发生机制，佩罗蒂（Perotti）于1999年提出了一个比较容易理解的理论：在财政健康的国家扩大财政不会出现缩小消费的效果，凯因斯效应（由于乘数效应使得财政扩大造成消费需求扩大的效果）占主导地位。但是在财政恶化的国家中，扩大财政会让国民设想到未来的税收增加。我们假定未来性增税是会造成经济扭曲的税收（Distortionary Tax），因此随着增税，经济效率下降，生产减少，在将来到来时（征收税收的情况下）国民预计到自身会变得贫困，因此为了应对未来的贫困发生，当前时间内国民会增加储蓄量。也就是说，当前进行的财政扩张（公共债务与年度支出的增加或减少税收），会让人们设想到未来由于增加税收而导致的家庭、企业经济恶化。因此会导致现阶段的消费需求减小，发生"非凯恩斯效应"。

"非凯恩斯效应"在公共债务较少时无法被观测到，但是当出现公共债务积累的情况时便会被人们发现，这一点也与莱因哈特等人对于公共债务积累的观察结果统一。

但是，"非凯恩斯效应"认为，减少消费需求未必会导致经济发展下降。可以说是由于"非凯恩斯效应"带来了消费减少与储蓄增加，（如果没有价格固化等其他问题）因此会导致资本储蓄增加以及增长率的上升。此外设想到"非凯恩斯效应"会带来短期的需求减少，莱因哈特等人的实证结果并没有考虑到10年长期范围内带来发展下降的情况。

但是短期需求减少作为解释公共债务积累的理由仍存在问题，也就是说需求减少并不会恶化经济生产性。另一方面，莱因哈特他们的结果表示，公共债务增加会对经济发展的长期停滞有影响。只要不在机制上恶化经济生产性，很难对经济增长率的持续性低迷现象进行解释。在这一点上，可以说"非凯恩斯效应"并不能够作为理论，对莱因哈特结果进行充分解释。

(三) 软预算约束

与非凯恩斯效应不同，政府财政导致民间经济恶化的机制被广泛讨论，这些问题中就有"软预算约束"（Soft Budget Constraint）[Kornai（1980，1986）]。[1]

关于软预算约束问题的勘测，赤井于 2006 年进行了详细阐述。赤井在 2006 年的文章中还提倡从"软预算约束"的观点出发对日本地方财政的恶化问题进行解释。"软预算约束"总体上是指，政府于事后对濒临破产的企业与组织，进行财政援助、进行救助的现象。换言之，维持事先预算的情况下，对必将破产的企业与组织放缓事后性预算限制对其进行救助。由于这种现象的存在，其也被称为"软预算约束"问题。由于在软预算约束情况较多的国家中，低生产率的企业与组织存活下来，所以经济增长率下降。此外，它们依靠政府的财政援助得以延续存在，因此导致财政支出增加，财政恶化。这样，政府财政恶化与经济发展下滑共同存在，在这样的情况下用"软预算约束"的机制进行解释是有效果的。但是用"软预算约束"对财政恶化与经济发展进行解释时有两个难点。一个是，"软预算约束"是像典型的社会主义国家一样，以经常性介入民间经济的国家为目标对象的理论。因此，在分析日本、美国及欧洲西方发达国家经济发展的情况时，对于应不应该使用"软预算约束"理论抱有疑问。此外，公共债务积累中，财政恶化与经济发展下滑情况不断加剧时会出现利率下降的情况，使用"软预算约束"理论未必能够对其进行解释。格罗夫和罗兰（Berglof and Roland）在 1997 年的文章中表示，"软预算约束"的理论模型抽象度较高，不适用于预测市场利率。此外科尔奈（Kornai）也于 1980 年文章中表示，出现"软预算约束"的问题时，利率可能高也可能低，不清楚在什么样的情况下利率会下降。这些问题是通过"软预算约束"对公共债务积累进行解释时的难点所在。

(四) 经济发展模型中财政恶化的影响——利率上升

公共债务对经济发展或社会福利会产生怎样的影响，这一问题是大家所关心的经济发展理论之一。戴蒙德（Diamond）在 1965 年时，使用世代重叠模型证实了实际利率比经济增长率低的动态性无效率存在于经济当中，其表示随着公共债务的发行可以提高社会福利。在动态性非效率存在的情况下，与社会性最优等

---

[1] 感谢得到了左江川（笛田）郁子女士对这一论点的指点。

级相比设备投资处于过剩的状态中,因此公共债务增加导致的"挤出效应"会减少设备投资,进而改善消费者的福利情况。

在戴蒙德的概要中,技术革新是外生性添加到新古典派模型的结构中进行讨论的。另一方面,圣保罗(Saint Paul)在1992年表示,技术革新是通过经济活动本身内生性决定的,在这样的内生性经济增长模型中,公共债务发行一定会使经济增长率下降,恶化社会福利。

圣保罗模型中假定资本存量越大生产性越高。这是因为技术所包含的外部特性(技术革新不经过市场买卖能够直接进行传播),因而假定经济整体生产性提高这一效果。根据这一外部特性的假定,与戴蒙德的模型相比社会最优资本存量等级更高,市场平衡条件下形成的资本存量级别不会高于社会最优存量级别(在戴蒙德的模型中市场平衡下的资本存量会比社会最优级别要高)。因此,戴蒙德的模型中通过公共债务引起"挤出效应"减少资本存量是一个合适的政策,但是在圣保罗的模型中,"挤出效应"带来的资本存量减少则一定会恶化消费者的福利情况。

综上所述,圣保罗的模型中,由于"挤出效应"公共债务增加会使资本存量(本身与最优水平相比较低)进一步减少,进而恶化经济发展。资本存量本就较少的原因是由于假定技术的外部特性。也就是说,在圣保罗的模型中挤出效应影响导致经济恶化,财政恶化(公共债务增加)导致利率上升,进而出现投资减少阻碍经济发展的情况。就像我们在第三节中所讨论的那样,关于公共债务积累理论,实际利率较低的情况很多,"挤出效应"说的难点就在于无法对这样实例进行解释。

此外圣保罗也提到,在内生性发展模型中实行债务削减不能够达到帕累托有效性的效果。其理由是,债务削减导致当前时代下消费增加,与其对应会出现投资减少、资本储蓄减少的情况。在圣保罗的模型中,通过投资补助金促进设备投资(也就是资本存量将其他外部经济内部化的政策)改善所有年龄层的社会福利,实施这样一种帕累托有效政策。

在发展论的文章当中,布劳宁格(Brauninger)在2005年发表的文章与圣保罗一样,共同使用了内生性增长理论以及世代重叠模型(并不是债务与GDP的相对比率)对财政赤字与GDP的相对比率以及经济发展的关系进行了分析。赤字比率较小时,可以显示到其中存在两个平衡增长路径(Balanced Growth Path)。这种情况下赤字比率上升经济增长率便会下降。进而当赤字比率超过一定阈值时便会使平衡增长路径消失,资本存量会持续减少,在一定的时间内资本存量与生产量便会归零。

这样由财政赤字导致经济平衡路径大范围恶化的机制，凭借两个原因进行解释。分别是模型为假定技术外部性的内生性经济增长理论，以及财政恶化会引起"挤出效应"这两点。虽然经济系统的运作复杂，但是在财政恶化导致利率上升这一点上与圣保罗相同。也就是说与"挤出效应"的机制相同，存在利率下降的情况，在这一点上与莱因哈特等人的结果不符。

使用与内生性增长理论不同的结构，提倡使用对新井（Arai）、莱因哈特等人 2012 年结果进行解释的成功模型。新井等人在新古典派发展模型中对金融交易加以限制。他们以民间主体（企业）服从借款限制为假定条件，公共债务与 GDP 比率相对较小时公共债务的增加促进经济发展，债务比率较大时公共债务增加会导致经济发展下降。新井等人的模型中，公共债务的增加会带来实际利率的上升，追求高利率的存款者可以达到增加存款的效果（挤入效应），讨厌高利率的企业方出现减少借款和投资的效果（挤出效应），存在这样两种效应。债务比率较小时挤入效应的效果占支配地位，因此经济增长率上升，当债务比率较大时"挤出效应"的效果占支配地位，因此经济增长率下降。这个结果可以表明，近年来莱因哈特等人所揭示的公共债务与总生产间的关系具有一致性。但是新井等人的模型中提到，公共债务增加一定会导致利率增加，这也会带来挤入效应与挤出效应的效果。公共债务增加一定会带来利率上升，莱因哈特等人的结果为存在利率下降的情况，在这一点上两者存在差异。

本节介绍的理论性研究中，公共债务增加导致经济恶化时会出现利率上升的情况，可以说这些研究的共同问题就是无法对利率下降的情况进行解释。为了对公共债务积累进行解释，有必要使用不伴随利率上升的机制，来揭示财政对经济发展有怎样的影响。在第五节当中，我们将会使用新理论模型对这一问题进行讨论。

四、理论研究概观——公共债务的流动性供给效应

以之前介绍的戴蒙德模型为主，在宏观经济学研究中，有许多的理论研究主张公共债务增加提高经济效率，提高经济发展率。为了对公共债务积累进行理论性研究，首先重要的是对这些理论进行理解。在这里我们会对公共债务促进经济发展的机制进行概述。

由于金融抑制等原因,在平衡基础上资本存量过小时,增加公共债务的资本存量也会增加,生产、雇佣、消费也会增加,经济活动扩大也会使得福利增加。这样的理论观点正在逐渐增加。下面我们对几个理论进行介绍,可以说它们都有以下共同的特征。

家庭和企业直接面对着流动性风险(支付超出预期且集中于一定时期当中),为了应对其风险必须进行储蓄。如果使用储蓄手段对生产性财产进行贮藏的话,这些财产就不能作为生产性用途所使用。因此经济整体效率性下降的同时,生产量也会下降。如果公共债务增加,直接面临着流动性风险的家庭与企业,就可以选择购买作为储蓄手段的公共债务。基于此,至今为止通过储蓄手段保存的财产就得以解放,这些财产的生产性用途就得以发挥,可以提高经济整体的效率,增加生产。也就是说,对于家庭和企业来说,公共债务拥有流动性储蓄手段的功能,进而可以改善经济。

(一)伍德福德(Woodford,1990):无法借款的消费者带来的消费平滑

在这个模型中,有两种类型的消费者。第一种类型的消费者,在奇数日时可以获得大量收入,在偶数日时可以得到小额收入。第二种类型的消费者,奇数日可以得到小额收入,而在偶数日时可以得到大额收入。如果他们想将每天的消费量定量化,那么其方法就只能是将财政储存或者购买国债(他们不能够进行借款)。此时,国债供给增加,家庭经济上就可以通过购买国债实现更多的储蓄,进而降低财产储蓄的必要性。结果上使得财产由储蓄转向消费,将不同时间段的消费进一步平均化,经济福利得以提高。

(二)霍姆斯特罗姆和特罗尔(Holmstrom and Tirole,1998):借款限制企业对流动性危机的应对

在这个模型中,企业在生产过程中面临着流动性风险(在生产过程中,有一定可能性需要突然增加原料的投入)。企业的流动性风险属于个别情况的话,可以通过民间银行的金融中介来减少流动性风险,但是当流动性风险在国内的所有企业同时发生的话("整体型流动性风险"发生时)银行的金融中介无法将风险进行分散。这种情况下,国家公共债务作为流动性资产进行供给,其意义就凸显了出来。如果企业提前持有国债,面对流动性风险时就可以实施必要性的支付。这个模型中,国债作为流动性资产(可以作为支付手段的资产),可以起到模拟货币的作用。

应对风险较大的整体型流动性风险时，需要政府积极调整国债供给量，缓解流动性风险影响。流动性不足的经济当中，增加国债发行量可以提高经济效率，增加生产等等。也就是说，企业在面临着流动性风险的经济中，公共债务增加有着提供流动性的效果。

（三）卡瓦列罗和克里希纳穆蒂（Caballero and Krishnamurthy，2006），柯薛拉柯塔（Kocherlakota，2009）：泡沫经济与国债

伍德福德（Woodford）在1990年以及霍姆斯特罗姆和特罗尔（Holmstrom and Tirole）在1998年都强调了公共债务拥有提供流动性的效果。近年来，这也在金融危机相关事件上再次受到了关注。虽然资产泡沫化是金融危机的重要原因，但是卡瓦列罗和克里希纳穆蒂（Caballero and Krishnamurthy）在2006年以及薛拉柯塔（Kocharlakota）在2009年时，着眼于国债的发行，在泡沫经济崩溃情况下，国债的发行是被当做一种缓解生产雇佣问题的方法。

薛拉柯塔等人的模型中，泡沫资产（标注价格超过基础价值的资产，例如价格飞涨的土地与股票）会提高经济福利，当泡沫崩溃时经济福利出现恶化，在泡沫经济时期增加发行国债，能够遏制经济福利的恶化。

他们的模型中，经济主体（家庭与企业）受到了借款限制，不能够以社会性最合适的数量进行借款。由于不能够进行借款，所以经济主体为了应对未来支付的必要性，需要进行提前性储蓄。这时候可以进行作为储蓄手段的财产储蓄，但是这样的话这部分进行储蓄的财产将无法消费，不能够在生产活动中被使用，这会对经济效率产生恶化效果。这里"泡沫财产"作为储蓄手段具有价值性。为了使讨论简单化，如果我们假定泡沫财产的基础价值为0。向本身价值为0的资产给予附加价格进行交易，经济的资源分配便会没有效率，但是在限制借款的经济中不会出现这样的情况。也可以说，家庭和企业将泡沫财产作为储蓄手段进行购入，使得储蓄财产的必要性消失，进而达到将财产从储蓄的目的中解放出来，能够将其用于更具生产性的用途当中。这样的话，泡沫资产在市场的流通能够提高经济的效率性。这一点是近年来各种研究中都强调的问题点[例如，马丁和文图拉（Martin and Ventura，2012），平野和柳川（Hirano and Yanagawa，2013），青木与尼科洛夫（Aoki and Nikolov，2013）等]。

泡沫崩溃，泡沫资产的价格回到了基础价值（也就是零），人们不能再将泡沫资产作为储蓄手段进行使用。因此，本应该用于生产性用途的财产被人们当作储蓄手段进行存款，这样的人增加的话，经济整体消费和生产就会减少，非效率

性就会上升。这样的话泡沫崩溃便导致实体经济收缩。

在泡沫崩溃时期增加国债发行量的话,随着泡沫资产消失所失去的储蓄手段,就可以由国债所代替。这样的话国债作为预备性储蓄手段进行使用,可以防止财产被储蓄手段固定贮藏,结果并不会致使经济效率下降,不会减少雇佣和生产。也就是说,泡沫崩溃时期,机动性的增加国债发行量能够成为有效防止经济收缩的政策手段。

薛拉柯塔等人的这一论题,成为了雷曼危机后将大规模财政扩大正当化的重要论据。也就是说由于薛拉柯塔等人的论题,扩张性财政政策成为了防止金融危机深化的机制,这和由乘数效应扩大总需求的教科书般化的"凯因斯经济学"机制不同。通过他们的讨论,为了公共事业和减税而大量发行的国债,国债具有流动性资产的功能,可以缓和市场流动性的枯竭情况,防止金融危机的恶化。公共事业等财政支出其本身并没有意义,由于财政支出所发行的国债才具有流动性供给效果的价值。

(四) 流动性供给效应与公共债务积累

研究表明公共债务具有提高流动性的影响,能够促进经济发展。这些研究应该怎样与莱因哈特等人所发现的公共债务积累问题进行结合呢。详细内容我们会在四(二)中进行讲解,其中一个可能性就是认为,公共债务其本身作为流动性的储蓄手段可以促进经济发展,公共债务的发行使得正在实施的财政支出(如社会保障政策等收入再分配)会抑制经济发展。在存在借款限制的经济当中,经济主体苦于严格的借款限制,当由其向没有借款限制烦恼的经济主体进行收入转移时,经济整体的借款限制会更加严格,结果便会阻碍经济发展。如果随着公共债务的增加,这样的收入转移能够根据财政政策得以实施的话,经济发展可能会减速。为什么呢,这是因为公共债务有着促进发展的效果,但是收入转移有着大于其本身发展的抑制效果。在第四节中,我们会基于这一假说构建理论模型,对其模拟结果进行讨论。

关于政府再分配政策对经济发展的影响,贝纳布(Benabou)在2002年以及塞萨德里与雪(Seshadri and Yuki)在2004年对其进行了理论性分析。在贝纳布的模型中,各经济主体进行消费与投资,不能够进行以投资为目的的借款。在市场平衡下,生产性高的经济主体只能进行较小的社会性投资,政府将消费税筹集的资金以投资补助金的形式进行统一分配,这一政策能够促进投资,能够提高动态性社会福利。"税收畸形"会缩小劳动供给,虽然消费税会带来这种情况,但是投资补助金这一再分配政策能够促进投资促进资本储蓄。也就是说，由于消费税实施的再分配政策，在恶化生产效率的同时也会增加资本储蓄，具有此消彼长的性质。贝纳布模型的结构中，再分配政策有着缓和市场失败（借款限制的存在）的效果。但是，根据借款限制的情况，再分配政策可能会具有完全相反的效果。第四节中的模型正是这样的一种情况。

（五）公共债务积累的理论模型

本节中将会根据小林（Kobayashi）2014年文章的内容，建立理论模型对公共债务积累，也就是财政恶化带来的低增长问题进行解释。在这个模型中，由于公共债务本身具有流动性资产的功能，有着促进经济发展的效果。另一方面由于公共债务增加与其联动的再分配政策，会恶化生产性经济主体的借款限制，因此有着恶化经济发展的效果。这两个影响相结合则可以表示，公共债务与再分配政策的扩大有着阻碍经济发展的影响。该模型，将布埃拉和尼科利尼（Buera and Nicolini）在2013年发表内容简略化，也可以被视为是清泷（Kiyotaki）1998年发表内容的变形。模型设定如下。该经济中有着连续无限的劳动者，他们以实际数量为指数，其人口（量度）规定为1。此外该经济中存在高生产率的企业家与低生产率的企业家，他们的人口（量度）分别为n与$1-n$。劳动者滞留在无限期市场，与之相对企业家每次以$1-\gamma$的概率退出市场，同时新的企业家在相同的概率下进入市场。在进入到退出的阶段内，企业家的生产率不会发生变化。劳动者的时间比例因素为$\beta<1$，企业家（附加有没有退出市场的生存条件）的时间比例因素为$\beta'(>\beta)$。为了使论点简单化，假定企业（没有条件）的时间比例因素与劳动者相同。也就是说，$\beta=\gamma\beta'$。企业家使用柯布道格拉斯生产技术，通过资本投资与劳动投资对生产消费资料进行生产：$y_t=A_t k_t^\alpha l_t^{1-\alpha}$。其中$A_t$为生产性参数。企业家在生产方面，属于后面所提到的借款限制内。

（六）财政政策

本文中对如下的财政政策进行研究：$\{B_{t+1}, T_t, S_t\}$。这其中B_{t+1}是指$t+1$时间所偿还的国债。T_t是统一税，S_t是向劳动者支付的统一补助金。在t时间，政府发行B_{t+1}/r_t的国债。r_t是一定时间内的市场利率（总额）。政府的预算限制由下列公式表示。

$$\frac{B_{t+1}}{r_t}+T_t=B_t+S_t.$$

相同金额的统一税向所有的企业家（高生产率企业家、低生产率企业家）进行征收。为了简化，不对劳动者进行征税。这个模型中将焦点集中于统一税，将"畸形税收"进行舍像化。统一税在现代日本是非实际性存在的税制，这一理论的优点是不会带来"畸形税收"的情况。同时，由于收入税与消费税等这些收入与支出成比例的税收会歪曲生产活动相关的决策，因此财政恶化（债务与税收扩大）会对经济发展带来一定的负面影响。但是像现在的日本一样（为了恢复财政持续性需要一定程度）"畸形税收"不会发生延后征税的情况。因此可以说在使用统一税的模型下，财政恶化会导致经济发展下降。为了对这一情况进行验证，本节的模型中，特意排除其他税收，只使用统一税对财政运营进行研究。从上面的政府预算限制出发，可以对公共债务价值 B_t 进行如下计算。

$$B_t = \sum_{j=0}^{\infty} \frac{T_{t+j} - S_{t+j}}{\prod_{s=0}^{j-1} r_{t+s}} \quad \text{另外} \quad \prod_{s=0}^{-1} r_{t+s} = 1$$

1. 劳动者

劳动者的量度为1，假定他们能够进行储蓄，但是他们不能够进行借款。选择劳动者消费为 c_t^W，劳动供给为 l_t，债券量为 b_{t+1}^W/r_t，将下面的效果最大化。

$$E_0 \sum_{t=0}^{\infty} \beta^t [\ln c_t^W + \omega \ln(1 - l_t)].$$

劳动者的预算限制

$$c_t^W + \frac{b_{t+1}^W}{r_t} = w_t l_t + b_t^W + S_t,$$

债券的非负面限制满足 $b_{t+1}^W \geq 0$ 这一条件。劳动者的效果最大化结果，劳动供应量由下列的函数决定：$w_t = \frac{\omega c_t^W}{1 - l_t}.$

当债券的非负面限制结合时，劳动者不进行储蓄，所有的收入都在该时间段内消费。劳动者没有进行储蓄的条件为：$\frac{c_{t+1}^W}{c_t^W} > \beta r_t.$

假定这一条件普遍成立。那么劳动者不进行储蓄时，劳动供给为1/3，参数 ω 值为2。

2. 企业家

企业家也是作为量度1的连续体。其中，量度为 n 的企业家其生产率为 z，量度为 1 − n 的企业家其生产率为1。另外 z > 1。生产率为 z 的企业家是高生产率企业，生产率为1的企业为低生产率企业。（企业家与企业在本文中作为相同意义的词语被使用。）每个时间末端，量度为 $1-\gamma$ 的企业被随机性选择死亡（退出），相同量度 $1-\gamma$ 的新企业出现（加入）。在新出现的企业家中，量度为 $(1-\gamma)n$ 的企业家有着的生产率 z。测算频数为 $(1-\gamma)(1-n)$ 的企业有着 1 的生产率。新加入的企业，根据之后提供的继承规则（假设2），继承退出企业的财产。企业家的有效函数通过下面的对数有效函数进行推导。

$$E_0 \sum_{t=0}^{\infty} \beta^t \ln c_t, \tag{1}$$

c_t 为企业家的消费。生产率为 A 的企业家，通过劳动 l_t 与资本 k_t 使用下面的生产技术对消费资料 y_t 进行生产。

$$y_t = A k_t^{\alpha} l_t^{1-\alpha}.$$

这里，$A \in \{1, z\}$。为了将计算简单化，假定资本存量 k_t 在生产活动结束时，其每次达到 100% 的消耗减少。因此企业家的预算限制公式如下。

$$c_t + k_{t+1} - \frac{b_{t+1}}{r_t} \leq A k_t^{\alpha} l_t^{1-\alpha} - w_t l_t - b_t - T_t, \tag{2}$$

另外，b_{t+1} 是该企业家在 t 时间内发行 t+1 的时间内偿还的债券。当企业家以债券作为资产进行购买时，b_{t+1} 为负值。不能够完全对企业家偿还债务进行关联。关于这种缺乏关联的情况进行如下假定。

假定 1　企业家，不能够完全将债务（b_{t+1}）偿还联系起来。当这个企业家出现不履行债务的情况时，债权者（债券持有者）能够对企业家生产资料的一部分 θy_{t+1} 进行冻结。另外，y_{t+1} 是生产量。此外冻结率 θ 的参数满足 $0 < \theta < 1$ 的情况。

在这种假定情况下，生产产品的一部分（θy_{t+1}）作为借款的担保发挥作用，决定着借款上限。因此关于企业家在时间 t 的借款，有着以下的借款限制。

$$b_{t+1} \leq \theta A k_{t+1}^{\alpha} l_{t+1}^{1-\alpha}, \tag{3}$$

l_{t+1} 是时间 t+1 的劳动投资。像我们之后所讲的一样，l_{t+1} 是时间 t 与所选资本投资间的比例。为了将期待效果（1）最大化，在预算限制（2）与借款限制（3）的条件下，生产率 A 的企业家最优化问题在时间 t 上选择 $\{c_t, k_{t+1}, b_{t+1}\}$，时间 t+1 上选择 l_{t+1}。

低生产率企业的最优化问题：本文与清泷（Kiyotaki）在 1998 年发表的文章相同，高生产率企业的借款限制对固定的平衡增长路径进行研究。这种平衡状态下由于借款限制，高生产率企业不能够使用这种经济系统的全部资本存储。低生产率企业使用资本存储进行生产，同时买入债券（由高生产率企业所发行）。因此在这种平衡下，低生产率企业的借款限制没有被约束。这时低生产率企业的最优化问题如下。

$$\max_{c'_t} \sum_{t=0}^{\infty} \beta^t \ln c'_t, \quad (\text{LP})$$
$$\text{s.t. } a'_{t+1} = r_t(a'_t - c'_t - T_t),$$

a'_t是低生产率企业的持有资产。由于对于低生产率企业来说没有借款限制的约束，因此低生产率企业的劳动边际产量（MPK）与市场利率相等。也就是说，$r_t = \alpha(l_{t+1}/k_{t+1})^{1-\alpha}$，同样，低生产率企业的劳动边际产量（MPL）与工资率相等。也就是说，$w_t = (1-\alpha)(k_t/l_t)^{\alpha}$。从这些公式出发，以下关系成立。

$$r_t = \alpha \left(\frac{1-\alpha}{w_{t+1}} \right)^{\frac{1-\alpha}{\alpha}}. \tag{4}$$

高生产率企业的最优化问题：市场利率 r_t 作为条件，高生产率企业问题的推导形如下。

$$\max_{c_t} \sum_{t=0}^{\infty} \beta^t \ln c_t, \quad (\text{HP})$$
$$\text{s.t. } a_{t+1} = R_t(a_t - c_t - T_t),$$
$$\text{另外} \quad a_t = zk_t^{\alpha} l_t^{1-\alpha} - w_t l_t - b_t$$

R_t是高生产率企业总额投资收益率。R_t是下面的收益最大化问题的解。以消费后的剩余资产（$a_t - c_t - T_t$）为条件，如下高生产率企业则可对投资收益最大化。

$$\max_{k_{t+1}, b_{t+1}} a_{t+1} = \pi(k_{t+1}, w_{t+1}) - b_{t+1},$$
$$\text{s.t.} \begin{cases} k_{t+1} - \dfrac{b_{t+1}}{r_t} \leq a_t - c_t - T_t, \\ b_{t+1} \leq \theta A k_{t+1}^{\alpha} l_{t+1}^{1-\alpha}, \end{cases}$$
$$l_{t+1} = \underset{l}{\arg\max} \, z k_{t+1}^{\alpha} l^{1-\alpha} - w_{t+1} l$$
$$= \left(\frac{(1-\alpha)z}{w_{t+1}} \right)^{\frac{1}{\alpha}} k_{t+1},$$
$$\pi(k_{t+1}, w_{t+1}) = \max_{l} z k_{t+1}^{\alpha} l^{1-\alpha} - w_{t+1} l$$
$$= \alpha z^{\frac{1}{\alpha}} \left(\frac{1-\alpha}{w_{t+1}} \right)^{\frac{1-\alpha}{\alpha}} k_{t+1}.$$

以市场利率由（4）公式得出的解为条件，应用于公式（5）与（6）中。
$$k_{t+1} = \hat{k}(a_t - c_t - T_t),$$

$$a_{t+1} = R_t(a_t - c_t - T_t),$$

$$\hat{k} = \frac{1}{1 - \frac{\theta}{\alpha}z^{\frac{1}{\alpha}}}, \tag{5}$$

$$R_t = \left(1 - \frac{\theta}{\alpha}\right)z^{\frac{1}{\alpha}} r_t \hat{k}. \tag{6}$$

企业家问题的解：(HP) 与 (LP) 的线性条件出发，资产 at 的高生产率企业消费为

$$c_t = (1 - \beta)\left[a_t - \sum_{j=0}^{\infty} \frac{T_{t+j}}{\prod_{s=0}^{j-1} R_{t+s}}\right],$$

资产 a'_t 的低生产率企业消费为

$$c'_t = (1 - \beta)\left[a'_t - \sum_{j=0}^{\infty} \frac{T_{t+j}}{\prod_{s=0}^{j-1} r_{t+s}}\right].$$

在下一时间，高生产率企业的资产由公式（7）决定。

$$\frac{a_{t+1}}{R_t} = \beta\left[a_t - \sum_{j=0}^{\infty} \frac{T_{t+j}}{\prod_{s=0}^{j-1} R_{t+s}}\right] + \sum_{j=1}^{\infty} \frac{T_{t+j}}{\prod_{s=0}^{j-1} R_{t+s}}, \tag{7}$$

此外，低生产率企业的资产由下列公式（8）决定。

$$\frac{a'_{t+1}}{r_t} = \beta\left[a'_t - \sum_{j=0}^{\infty} \frac{T_{t+j}}{\prod_{s=0}^{j-1} r_{t+s}}\right] + \sum_{j=1}^{\infty} \frac{T_{t+j}}{\prod_{s=0}^{j-1} r_{t+s}}. \tag{8}$$

3. 集合型动力学

以财政政策 $\{T_t, S_t\}_{t=0}^{\infty}$ 为条件，该经济系统的原动力在两个状态变量（s_t, W_t）的变化间被记录。另外 W_t 是 t 时间的总资产。此外 s_t 是高生产率企业的资产占全国整体总资产的比例。退出企业家的资产，根据下列规则被新诞生的企业家所继承。

假定 2 新诞生的高生产率企业，继承该时间内退出的低生产率企业的财富。① 该假定，每个时间内，量度 $(1-\gamma)n$ 的高生产率企业由低生产率企业所代替，相同量度的低生产率企业由高生产率企业所代替，这些基本相同。再加上假定企业的生产率变化的话，至今为止的经营者退出之后就会有新的经营者加入。上面提到的就是假定 2。高生产率企业整体的资本投入与劳动投入为 $\hat{K}_{t+1}$ 与 $\hat{L}_{t+1}$，低生产率企业的资本与劳动分别为 K'_{t+1} 和 L'_{t+1}。财政政策 $\{T_{t+j}, S_{t+j}\}$

---

① 参数假定为 $0 < n < 0.5$。

$\sum_{j=0}^{\infty}$ 与状态变量 (s_t, W_t) 为条件,下一个时间的状态变量 $\{s_{t+1}, W_{t+1}\}$ 与其他的宏观经济变量 (r_t, R_t, K_{t+1}, $\hat{K}_{t+1}$, K'_{t+1}, L_{t+1}, L'_{t+1}, L_{t+1}, w_{t+1}) 通过下面的 11 组连立方程式进行计算。[①]

$$r_t = \alpha \left(\frac{1-\alpha}{w_{t+1}} \right)^{\frac{1-\alpha}{\alpha}}, \tag{9}$$

$$R_t = \frac{\left(1 - \frac{\theta}{\alpha}\right) z^{\frac{1}{\alpha}}}{1 - \frac{\theta}{\alpha} z^{\frac{1}{\alpha}}} r_t, \tag{10}$$

$$W_{t+1} = R_t \left\{ \beta \left[s_t W_t - n \sum_{j=0}^{\infty} \frac{T_{t+j}}{\prod_{s=0}^{j-1} R_{t+s}} \right] + n \sum_{j=1}^{\infty} \frac{T_{i+j}}{\prod_{s=0}^{j-1} R_{t+s}} \right\}$$

$$+ r_t \left\{ \beta \left[(1-s_t) W_t - (1-n) \sum_{j=0}^{\infty} \frac{T_{t+j}}{\prod_{s=0}^{j-1} r_{t+s}} \right] + (1-n) \sum_{j=1}^{\infty} \frac{T_{t+j}}{\prod_{s=0}^{j-1} r_{t+s}} \right\}. \tag{11}$$

$$s_{t+1} W_{t+1} = \gamma R_t \left\{ \beta \left[s_t W_t - n \sum_{j=0}^{\infty} \frac{T_{t+j}}{\prod_{s=0}^{j-1} R_{t+s}} \right] + n \sum_{j=1}^{\infty} \frac{T_{i+j}}{\prod_{s=0}^{j-1} R_{t+s}} \right\}$$

$$+ (1-n) \frac{n}{1-n} r_t \left\{ \beta \left[(1-s_t) W_t - (1-n) \sum_{j=0}^{\infty} \frac{T_{t+j}}{\prod_{s=0}^{j-1} r_{t+s}} \right] \right.$$

$$\left. + (1-n) \sum_{j=1}^{\infty} \frac{T_{t+j}}{\prod_{s=0}^{j-1} r_{t+s}} \right\}, \tag{12}$$

$$K_{t+1} = \sum_{j=1}^{\infty} \frac{S_{t+j}}{\prod_{s=0}^{j-1} r_{t+s}} + \beta \left[s_t W_t - n \sum_{j=0}^{\infty} \frac{T_{t+j}}{\prod_{s=0}^{j-1} R_{t+s}} \right] + n \sum_{j=1}^{\infty} \frac{T_{t+j}}{\prod_{s=0}^{j-1} R_{t+s}}$$

$$+ \beta \left[(1-s_t) W_t - (1-n) \sum_{j=0}^{\infty} \frac{T_{t+j}}{\prod_{s=0}^{j-1} r_{t+s}} \right] - n \sum_{j=1}^{\infty} \frac{T_{t+j}}{\prod_{s=0}^{j-1} r_{t+s}}, \tag{13}$$

$$\hat{K}_{t+1} = \hat{k} \left\{ \beta \left[s_t W_t - n \sum_{j=0}^{\infty} \frac{T_{t+j}}{\prod_{s=0}^{j-1} R_{t+s}} \right] + n \sum_{j=1}^{\infty} \frac{T_{t+j}}{\prod_{s=0}^{j-1} R_{t+s}} \right\}, \tag{14}$$

$$K'_{t+1} = K_{t+1} - \hat{K}_{t+1}, \tag{15}$$

---

① 因为该经济体系被限制到平衡增长路径中,因此可以通过平衡增长路径追溯时间对联立方程式进行求解。

$$\hat{L}_{t+1} = z^{\frac{1}{\alpha}} \left(\frac{1-\alpha}{w_{t+1}} \right)^{\frac{1}{\alpha}} \hat{K}_{t+1}, \tag{16}$$

$$L'_{t+1} = \left(\frac{1-\alpha}{w_{t+1}} \right)^{\frac{1}{\alpha}} K'_{t+1}, \tag{17}$$

$$w_{t+1} = \frac{w \left[w_{t+1} L_{t+1} + S_{t+1} \right]}{1 - L_{t+1}}, \tag{18}$$

$$L_{t+1} = \hat{L}_{t+1} + L'_{t+1}. \tag{19}$$

4. 平衡增长路径

本文的目的是，分析本理论模型的固定特性特征，集中讨论分析平衡增长路径的性质。以税额 $T_t = T$ 与补助金 S 为对象，平衡增长路径的宏观经济变量。(B, r, R, W, s, K, $\hat{K}$, K', $\hat{L}$, L', L, w) 能够通过以下的 12 组联立方程式得出结果。

$$B = \frac{r}{r-1}(T - S), \tag{20}$$

$$r = \alpha \left(\frac{1-\alpha}{w} \right)^{\frac{1-\alpha}{\alpha}}, \tag{21}$$

$$R = \frac{\left(1 - \frac{\theta}{\alpha}\right) z^{\frac{1}{\alpha}}}{1 - \frac{\theta}{\alpha} z^{\frac{1}{\alpha}}} r, \tag{22}$$

$$W = R \left\{ \beta \left[sW - n \frac{RT}{R-1} \right] + n \frac{T}{R-1} \right\} \\ + r \left\{ \beta \left[(1-s)W - (1-n)\frac{rT}{r-1} \right] + (1-n)\frac{T}{r-1} \right\}, \tag{23}$$

$$sW = \gamma R \left\{ \beta \left[sW - n \frac{RT}{R-1} \right] + n \frac{T}{R-1} \right\} + (1-\gamma) \frac{n}{1-n} \\ r \left\{ \beta \left[(1-s)W - (1-n)\frac{rT}{r-1} \right] + (1-n)\frac{T}{r-1} \right\}, \tag{24}$$

$$K = \frac{S}{r-1} + \beta \left[sW - n \frac{RT}{R-1} \right] + n \frac{T}{R-1} + \beta \left[(1-s)W - (1-n)\frac{rT}{r-1} \right] \\ - n \frac{T}{r-1}, \tag{25}$$

$$\hat{K} = \hat{k} \left\{ \beta \left[sW - n \frac{RT}{R-1} \right] + n \frac{T}{R-1} \right\}, \tag{26}$$

$$K' = K - \hat{K}, \tag{27}$$

$$\hat{L} = z^{\frac{1}{\alpha}}\left(\frac{1-\alpha}{w}\right)^{\frac{1}{\alpha}}\hat{K}, \tag{28}$$

$$L' = \left(\frac{1-\alpha}{w}\right)^{\frac{1}{\alpha}}K', \tag{29}$$

$$w = \frac{w[wL+S]}{1-L}, \tag{30}$$

$$L = \hat{L} + L'. \tag{31}$$

该联立方程式的解法在附录中。

5. 关于模拟结果

图 1 表示了 S = 0 的平衡增长路径随着税额的变化如何进行变化。参数数值为，$\alpha = 0.8$，$\beta = 0.95$，$\gamma = 0.95$，$\theta = 0.1$，$\omega = 1$，$z = 1.05$，$n = 0.01$。这个图中，显示到其中的关系为，随着公共债务 B 与税额 T 的增加，生产量也会增加，同时市场利率也会下降。结果，不管参数数值如何变化，其固定的性质不会发生变化。该经济中，企业家被征收税收，其税收由债券持有者（也就是低生产率企业家）支付。如果 T = B = 0 的话，由于联系能力不足，导致企业不能够发行充足数量的的债券，结果会出现经济整体债券不足的情况。如果这里政府向企业家征税发行公共债务的话，这种债券不够的情况能够被缓解。如果改变看法，政府的强制性征税权得到了市场的信赖，就能够补充民间企业联系不足的能力。图 1 的结果能够对如下内容进行解释。税收 T 与债券 B 增加的话，公共债务发行量便会超过它增加。这样的话，由于流动性债券过多的提供给市场，所以市场利率 r 便会下降。结果高生产率企业借款量便会增加，同时生产增加。于是经济整体的生产率 Y 便会增加。

其结果与第五节中介绍的伍德福德（Woodford）1990 年与霍姆斯特罗姆和特罗尔（Holmstrom and Tirole）在 1998 年文章中提到的公共债务流动性供给效果相同。由于假设到通过统一征税调节国家的财政来源，所以这个模型中不存在"畸形税收"。因此税收金额 T 所带来的无效率化，减少了高生产率企业的净资产，结果直接带来了减少高生产率企业债券发行量的影响。另一方面通过伍德福德等人提出的流动性供给效果，由税收 T 筹措的国债发行量增加，给经济带来了正面的影响。仅仅通过观察模拟情况，可以说很多的情况下，后者占主要的控制效果。

但是，从企业家到劳动者的资源再分配 S，可能会使得生产量与市场利率下降。图 2 将给予劳动者的补助金设置为 $S = \frac{1}{2}T$（>0），图中表示了随着平衡增

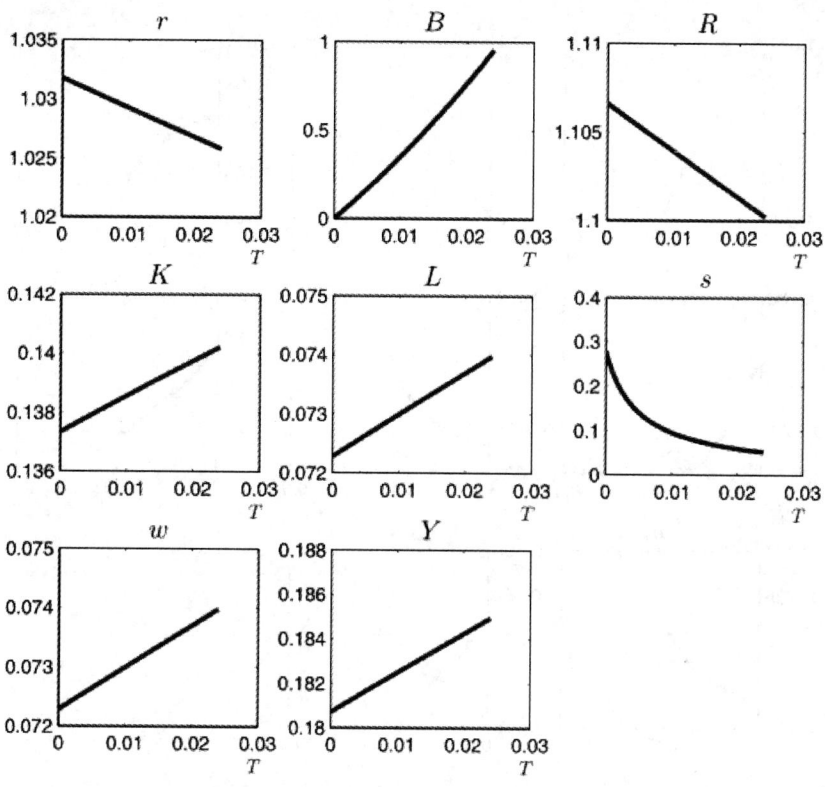

图 1　平衡增长路径：S = 0 的情况

长路径 T 变化会发生怎么样的变化。参数数值与图 1 的情况相同。这时显示，总生产与市场利率，随着 B、T、S 的增加而减少。对于这个结果能够进行如下解释。公共债务 B 增加的同时，由于流动性供给的增加，市场利率 r 下降。同时，补助金 S 增加的话，因为劳动者收入增加，有着减少劳动供给的影响（收入效应）。其结果，平衡的租金率 w 便会上升。利率下降有着增加高生产率企业借款和增加生产的效果，但是租金率的上升会带来借款与生产减少的效果。由于这两个相反效果间的作用，S 与 T 同时变化时，由于参数数值不同，财政恶化对经济发展的影响效果也会不同。图 2 参数的情况下，B 与 S 增加所带来的综合性影响为 $\hat{K}$ 与 $\hat{L}$ 的减少，并向总生产 Y 减少的方向发展。①

---

①　劳动者的效用函数为 Greenwood – Hercowitz – Huffman（GHH）型函数时，劳动供给由劳动者收入无关联的因素所决定，这种情况下即使 S > 0 公共债务增加会导致生产增加。其结果在本文中没有提及。劳动者为 GHH 型效用函数时，统一补助金 S 对于劳动供给而言没有收入效应，因此国债的流动性供给效应占支配地位，B 与 T 的增加导致总生产增加。（S 的增加并不会对宏观经济变量造成影响。）

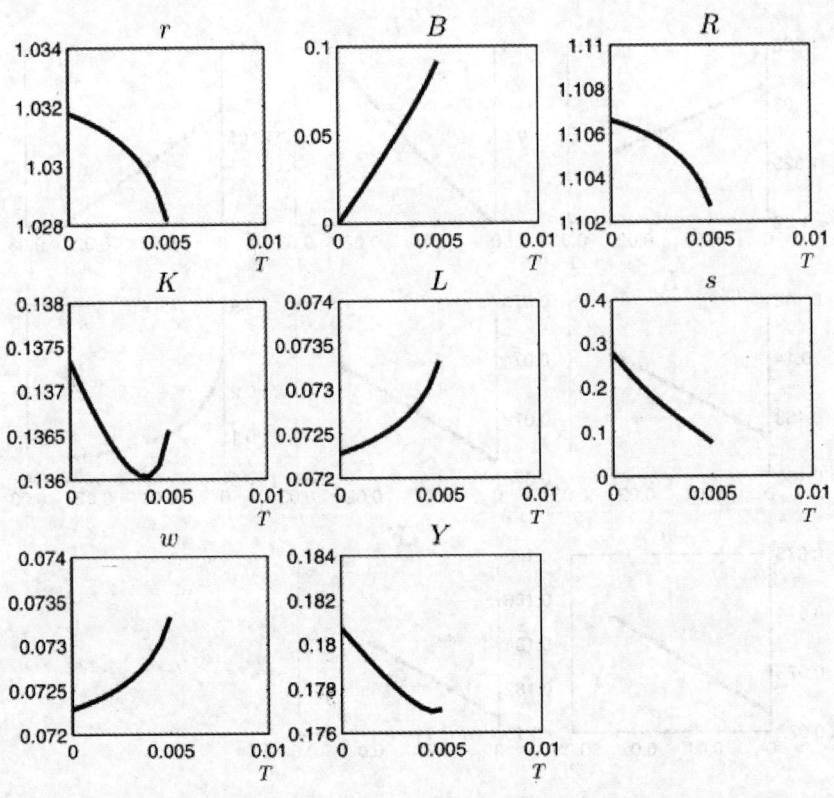

图 2 平衡增长路径：$S = \frac{1}{2}T$（ >0）的情况

其结果为 n 的数值非常敏感。当 n 较大时，例如 n = 0.1 的时候，流动性供给效果占支配地位，T 与 S 增加的同时生产量也在增加。

从这些模拟情况出发，财政对经济造成负面影响的原因是，我们能够知道再分配政策对于劳动供给的收入效应非常重要。也就是说，公共债务本身在这个模型中有着提高效率的效果。另一方面，从企业家到劳动者的再分配，通过劳动供给的收入效应，减少总生产与市场利率。图 3 对这一模拟的结果进一步补充。图中将税收额固定，让统一补助金 S 的金额进行各种变化，来显示平衡增长路径会发生怎样的变化。图 3 中显示，S 增加的同时总生产与市场利率会下降。结果，T 较小时，即使其他的参数发生改变也并不会大幅变化。[1]

结果，当统一补助金 S 增加时，劳动供给的收入效应使得租金率 w 增加，高生产率企业的生产受到了阻碍。这时，估计高生产率企业的借款需求也会减

---

[1] T 数值较大时，增加 S 的数值可以增加总生产。

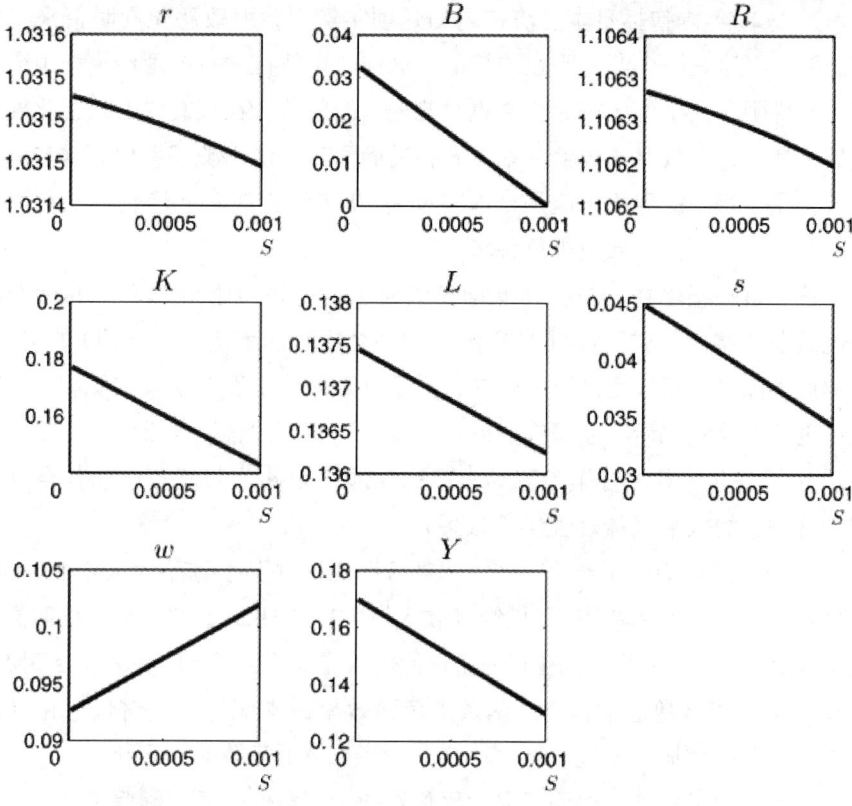

图3　平衡增长路径：T = 0.001 的情况

少，所以市场利率也会减少。

可以说这些模拟后得出的结果如下：只对公共债务量进行增加，可能会出现慢性萧条，在社会保障供给增加等等较大的再分配政策中，财富由高生产率企业向劳动者转移时，有可能会带来长期萧条的情况出现。因此，以恢复经济发展为目的没有必要减少公共债务余额本身，但是需要考虑收入再分配政策下减少分配的程度。具体来说，提高家庭财政支持的程度，削减社会保障供给，对于社会保障供给的受益者阶层来说，加强征税对于提高经济增长率来说并不会有效。

五、结论

本文以莱茵哈特（2012）年公共债务过剩（公共债务积累）的实例为出发点，对财政恶化给经济发展带来负面影响的可能性进行研究。使用最近整理的经济危机数据进行实证研究，可以显示"财政恶化导致低增长"的因果关系成立。

特别是过去20年内包括日本经济在内的几项实例中，财政恶化同时带来了低增长与低利率，这是一个非常明显的特征。这样的实例在现有的理论模型中很难进行统一性说明，关于这一方面本文也对此进行的总览。在现有的财政恶化导致低增长的模型中，财政恶化导致利率上升，进而导致经济出现了恶化。这与基础的挤出效应属于相同的现象。但是日本在过去20年间存在着低增长与低利率的特征，因此很难使用挤出效应进行解释。

当然，财政恶化并不是长期低增长的原因，这是对于日本经济的标准性看法。但是在"挤出效应"以外的机制下，财政恶化都有带来增长下降的可能性。本文的后半部分对新模型进行了研究，对于财政恶化引发低增长与低利率的现象可能性进行理论性揭示。在研究的模型下得到了下面的各项结果。

1. 由于公共债务拥有作为流动资产的功能，因此公共债务增加其自身有着促进经济增长的效果（流动性供给效果）。

2. 通过财政政策向生产性经济主体进行征税，对于劳动者领域支付补助金的话，收入增加的劳动者减少劳动供给（收入效应）。结果租金率上升，同时高生产率企业减少生产。此外由于高生产率企业的借款需求减少，市场利率也会下降。

3. 在某些参数数值下，上面两条中负面效果占支配地位，财政恶化（公共债务与补助金的增加）会同时造成生产与市场利率的下降。

通过这个理论模型，得到了财政恶化是长期萧条的一项原因假设，以及统一性的模拟结果。另一方面，莱因哈特等人认为，公共债务相对总生产比率不超过一定阈值的话不会对财政增长造成影响，但当其超过这一阈值时财政就会抑制经济发展。显示了财政恶化与经济下降之间的非线性关系。本文的理论模型中，没能成功再现这一点的非线性关系。可以说在发展理论模型的基础上，这一点会是将来的一个重大难题。

财政恶化带来实体经济的恶化，这一公共债务积累假说，不管是从实证上还是从理论上，都还没有得到经济学界的广泛认可。但是，鉴于下面政策性意义的重要性，今后有必要根据进一步的研究推进假说的验证。

如果像莱因哈特等人与本文模型所揭示的那样，真的存在"财政恶化导致实体经济恶化"的因果性，那么日本的长期战略"持续扩张性财政政策刺激发展"就可以成立。由于扩张性财政政策增加了公共债务量导致财政恶化，因此抑制了经济发展。概观最近的研究，对新型理论模型进行思考的话，这样的可能性是存在的，这也是本文的结论。该可能性会有多少程度的现实性，或者其定量性的影响有多大，这些需要阐明的点都是今后需要被研究的问题。

此外本文的理论模型中，财政扩大导致的收入再分配恶化了生产现状。从这一情况出发，生产性领域到家庭（劳动者）领域进行的收入再分配是将经济无效率化，因此为了增加总生产，削减社会保障供给以及增加消费税税收，对于修正收入再分配是非常有效的。这样的政策性意义可能对于今后的日本财政政策有着重要的意义。

附录：平衡增长路径的解法

首先记录联立方程式（20）—（31）的解法。以 T 和 S 为条件。首先将视为 $\tilde{S} = S/w$（其数值之后决定）。这样的话，宏观经济变数，用（K, $\dot{K}$）的函数进行表示。K′在（27）中解出。w 由（31）进行解出。也就是说，

$$\frac{1-w\tilde{S}}{1+w} = z^{\frac{1}{\alpha}}\left(\frac{1-\alpha}{w}\right)^{\frac{1}{\alpha}}\dot{K} + \left(\frac{1-\alpha}{w}\right)^{\frac{1}{\alpha}}K'$$

从这个公式便可以通过下个公式得到 w。

$$w(K, \dot{K}) = (1-\alpha)\left(z^{\frac{1}{\alpha}}\dot{K} + K'\right)^{\alpha}\left(\frac{1+w}{1-w\tilde{S}}\right)^{\alpha};$$

r = r（K, $\dot{K}$）在（21）进行计算。B = B（K, $\dot{K}$）由（20）得出。R = R（K, $\dot{K}$）由（22）得出。将 W = W（K, $\dot{K}$）(25) 按照下列公式进行解答。

$$W = \frac{1}{\beta}\left[K - \frac{w\tilde{S}}{r-1} + \frac{\beta R - 1}{R-1}nT + \frac{\{(1-n)\beta r + n\}}{r-1}T\right];$$

接下来 s 按照（26）进行如下解。

$$s = \frac{\dot{K} + \frac{\beta R - 1}{R - 1}nkT}{k\beta W}.$$

这样的话，变量（K, $\dot{K}$）以 $\tilde{S}$ 为条件，对（23）与（24）进行解答。最后 $\tilde{S}$ 通过下列公式得出。

$$w\tilde{S} = S.$$

平衡增长路径的计算：T = S = B = 0 的情况

T = S = B = 0 的情况下平衡增长路径的计算与上面不同，可以通过解答下列的联立方程式得到答案。

$$r = \alpha\left(\frac{1-\alpha}{w}\right)^{\frac{1-\alpha}{\alpha}}, \tag{32}$$

$$R = \frac{\left(1 - \frac{\theta}{\alpha}\right) z^{\frac{1}{\alpha}}}{1 - \frac{\theta}{\alpha} z^{\frac{1}{\alpha}}} r, \tag{33}$$

$$W = [Rs + r(1-s)]\beta W, \tag{34}$$

$$sW = \gamma R\beta sW + (1-\gamma)\frac{n}{1-n}r\beta(1-s)W, \tag{35}$$

$$K = \beta w, \tag{36}$$

$$\hat{K} = \hat{k}\beta sW, \tag{37}$$

$$K' = K - \hat{K}, \tag{38}$$

$$\hat{L} = z^{\frac{1}{\alpha}}\left(\frac{1-\alpha}{w}\right)^{\frac{1}{\alpha}}\hat{K}, \tag{39}$$

$$L' = \left(\frac{1-\alpha}{w}\right)^{\frac{1}{\alpha}} K', \tag{40}$$

$$L = \frac{1}{1+\omega}, \tag{41}$$

$$L = \hat{L} + L'. \tag{42}$$

解法:首先对变量 x 进行如下定义。

$$x = \frac{\left(1 - \frac{\theta}{\alpha}\right) z^{\frac{1}{\alpha}}}{1 - \frac{\theta}{\alpha} z^{\frac{1}{\alpha}}}.$$

将市场利率 r 视为条件。这样的话 $R = xr$。根据(34)与(35)。

$$s = \frac{\gamma xs + (1-\gamma)\frac{n}{1-n}(1-s)}{sx + 1 - s}. \tag{43}$$

s 通过(43)得出。从(34)可以得到

$$r = \frac{1}{\beta(sx + 1 - s)}. \tag{44}$$

r 由(44)得出。R 由(33)得出。这样的话通过(32)决定 w 的值。通过(36)—(41)能够将最后公式(42)做出如下表达。

$$\frac{1}{1+w} = \left[z^{\frac{1}{\alpha}}\left(\frac{1-\alpha}{w}\right)^{\frac{1}{\alpha}}\hat{k}\beta s + \left(\frac{1-\alpha}{w}\right)^{\frac{1}{\alpha}}(1-\hat{k}s)\beta\right]W \tag{45}$$

从该公式可以得到 W。

参考文献

[1] Aoki, Kosuke, and Kalin Nikolov (2013) "Bubbles, *Banks and Financial Stability*", mimeo, University of Tokyo.

[2] Arai, Real, Takuma Kunieda, and Keigo Nishida (2014) "Is Public Debt Growth – Enhancing or Growth – Reducing?" KIER Working Papers 884, Kyoto University, Institute of Economic Research.

[3] Barro, Robert J. and Xavier Sala – i – Martin (2003) Economic Growth, New York: McGraw – Hill, 2nd edition.

[4] Baum, Anja, Cristina Checherita – Westphal, and Philipp Rother (2013) "Debt and growth New: evidence for the euro area," *Journal of International Money and Finance*, Vol. 32, pp. 809 – 821.

[5] Bénabou, Roland (2002) "Tax and Education Policy in a Heterogeneous – Agent Economy: What Levels of Redistribution Maximize Growth and Efficiency?" *Econometrica*, Vol. 70, No. 2, pp. 481 – 517.

[6] Berglof Eric and Gerald Roland (1997) "Soft budget constraint and credit crunches in financial transition." *European Economic Review* 41 (3 – 5), 807 – 817.

[7] Bräuninger, Michael (2005) "The Budget Deficit, Public Debt, and Endogenous Growth," *Journal of Public Economic Theory*, Vol. 7, No. 5, pp. 827 – 840.

[8] Buera, Francisco and Juan Pablo Nicolini (2013) "Liquidity Traps and Monetary Policy: Managing a Credit Crunch," March, mimeo.

[9] Caballero, Ricardo J. and Arvind Krishnamurthy (2006) "Bubbles and capital flow volatility: Causes and risk management," *Journal of Monetary Economics*, Vol. 53, No. 1, pp. 35 – 53.

[10] Checherita – Westphal, Cristina, and Philipp Rother (2012) "The impact of high government debt on economic growth and its channels: An empirical investigation for the euro area," *European Economic Review*, Vol. 56, No. 7, pp. 1392 – 1405.

[11] Congressional Budget Office (2013) "The 2013 Long – Term Budget Outlook," September, http://www.cbo.gov/publication/44521.

[12] Diamond, Peter A. (1965) "National Debt in a Neoclassical Growth Model," *American Economic Review*, Vol. 55, No. 5, pp. 1126 – 1150.

[13] Fischer, Stanley (1991) "Growth, Macroeconomics, and Development," in

Olivier Jean Blanchard and Stanley Fischer (ed), *NBER Macroeconomics Annual*, Vol. 6, Cambridge, MA: MIT Press, pp. 329 - 379.

[14] Giavazzi, Francesco and Marco Pagano (1990) "Can Severe Fiscal Contractions Be Expansionary? Tales of Two Small European Countries," *NBER Macroeconomics Annual*, Vol. 5, pp. 75 - 122.

[15] Grobéty, Mathieu (2012) "Liquidity and Growth: the Role of Government Debt," May, mimeo. Herndon, Thomas, Michael Ash, and Robert Pollin (2013). "Does High Public Debt Consistently Stifle Economic Growth? A Critique of Reinhart and Rogoff." *PERI Working Paper Series* 322, University of Massachusetts Amherst.

[16] Hirano, Tomohiro, and Noriyuki Yanagawa (2013) "Asset Bubbles, Endogenous Growth, and Financial Frictions," mimeo. University of Tokyo.

[17] Holmstrom, Bengt and Jean Tirole (1998) "Private and Public Supply of Liquidity," *Journal of Political Economy*, Vol. 106, No. 1, pp. 1 - 40.

[18] Johansson, Asa, Yvan Guillemette, Fabrice Murtin, David Turner, Giuseppe Nicoletti, Christine de la Maisonneuve, Philip Bagnoli, Guillaume Bousquet, and Francesca Spinelli (2013) "Long - Term Growth Scenarios," *OECD Economics Department Working Papers* 1000, OECD Publishing.

[19] Kiyotaki, Nobuhiro (1998) "Credit and Business Cycles," *The Japanese Economic Review*, Vol. 49, No. 1, pp. 18 - 35.

[20] Kobayashi, Keiichiro (2014) "Public debt overhang in the heterogeneous agent model," *RIETI Discussion Paper Series* (forthcoming).

[21] Kocherlakota, Narayana (2009) "Bursting Bubbles: Consequences and Cures," in The Macroeconomic and Policy Challenges Following Financial Meltdowns Conference International Monetary Fund, Washington, DC, April.

[22] Kornai, J., (1980) Economics of shortage, North - Holland.

[23] Kornai, J., (1986) "The Soft Budget Constraint" Kyklos; 39 (1), 3 - 30.

[24] Martin, Alberto, and Jaume Ventura (2012) "Economic Growth with Bubbles," *American Economic Review*, 102 (6): 3033 - 3058.

[25] Perotti, Roberto (1999) "Fiscal Policy in Good Times and Bad," *The Quarterly Journal of Economics*, Vol. 114, No. 4, pp. 1399 - 1436.

[26] Reinhart, Carmen. M. and Kenneth S. Rogoff (2010). "Growth in a Time of

Debt" *American Economic Review*: Papers & Proceedings, 100.

[27] Reinhart, Carmen M., Vincent R. Reinhart, and Kenneth S. Rogoff (2012) "Public Debt Overhangs: Advanced – Economy Episodes since 1800," *Journal of Economic Perspectives*, Vol. 26, No. 3, pp. 69 – 86.

[28] Saint – Paul, Gilles (1992) "Fiscal Policy in an Endogenous Growth Model," *The Quarterly Journal of Economics*, Vol. 107, No. 4, pp. 1243 – 1259.

[29] Seshadri, Ananth and Kazuhiro Yuki (2004) "Equity and efficiency effects of redistributive policies," *Journal of Monetary Economics*, Vol. 51, No. 7, pp. 1415 – 1447.

[30] Woodford, Michael (1990) "Public Debt as Private Liquidity," *American Economic Review*, Vol. 80, No. 2, pp. 382 – 88.

[31] 赤井伸郎（2006）「政府間関係（国と地方）における契約問題 – ソフトな予算制約問題（Soft Budget）を中心に」フィナンシャル・レビュー2006 年（3），79 – 102．

[32] 亀田啓悟（2008）「わが国の民間消費に対する非ケインズ効果の実証分析」Working Paper No．38 関西学院大学総合政策学部研究会．

[33] 亀田啓悟（2010）「日本における非ケインズ効果の発生可能性」井堀利宏編『財政政策と社会保障』慶應義塾大学出版会．

[34] 中里透（2002）「財政再建の非ケインズ効果をめぐる論点整理」『経済分析』第 163 号．

中国地方政府债务历史、现状、成因、预测与风险研判

封北麟

自 2010 年欧洲主权债务危机爆发后,中国地方政府债务[①]问题引起了中国中央政府的高度警惕。全球投资者和国际研究机构深度忧虑中国出现政府债务危机而重创全球资本已恶化的经济发展形势。中国政府在 2010 年以后采取了一系列管控地方政府债务的规范性措施,守住了不发生系统性风险的底线。但是,为了推动这一系列的改革,中国政府也付出了巨大的代价,尤其是约 8.7 万亿元 (2017 年 8 月底)置换债券的发行对中国的金融体系形成了一定的冲击,隐藏的道德风险不可忽视。全面梳理反思中国地方政府债务的形成、发展与风险暴露,对于做好愈后管理,进一步规范中国地方政府投融资具有重大现实意义。

一、中国地方政府债务的历史与现状

(一)地方政府债务的界定

在中国,政府债务的界定不同于国际货币基金组织、世界银行、国际清算银

作者简介:封北麟,中国财政科学研究院研究员。
① 本文中所统计的地方政府债务数据仅涵盖中国大陆地区。

行、经合组织等①国际机构推荐的关于政府债务的界定，因特殊国情其范围大于国际货币基金组织等关于政府债务的界定但又小于其关于公共部门债务的界定，因此，在中国，在2015年《预算法》（修订版）②实施前，地方政府债务通常称之为"地方政府性债务"。中国的地方政府债务或地方政府性债务是指地方政府（包括省、市、县、乡四级政府部门和所属机构），经费补助事业单位，公用事业单位，政府融资平台公司，其他单位等直接借入、拖欠或因提供担保、回购等信用支持，因公益性项目（指为社会公共利益服务、不以营利为目的，且不能或不宜通过市场化方式运作的政府投资项目，如市政道路、公共交通等基础设施项目，以及公共卫生、基础科研、义务教育、保障性安居工程等基本建设项目）建设形成的债务。在统计口径上，地方政府性债务包括五大类债务主体所负担的三大类债务，具体内容见表1。

（二）地方政府债务发展的历史脉络

事实上，中国地方政府债务早在新中国成立之初就已见其身影。20世纪50年代初至60年代初，为了增加财政收入、抑制通胀、推动经济"大跃进"，中国东北人民政府以及其他部分地方政府（东三省、四川、安徽、福建、江西等）就曾经发行过"生产折实公债""地方经济建设公债"。后来随着中央财政状况好转，中国逐步停止了地方公债（券）的发行。

20世纪70年代，在"既无内债又无外债"的财政思想指导下，中央与地方公债停止发行。但是，地方公债（券）的停止发行并没有阻止地方政府性债务的形成。1979年，中国有8个县区当年举借了政府负有偿还责任的债务。此后，随着中国改革开放的进一步推进，各地方政府为满足快速工业化与城镇化所需的急剧增长的基础设施投资资金需求开始陆续举债。

20世纪八九十年代，持续快速工业化和城镇化发展，客观上塑造了中国三十多年来投资驱动的经济增长模式，中国各级政府投资在其中发挥着关键性的引导和推动作用。面对城市化与工业化快速推进引发的巨额基础设施投资资金需求，很多地方政府规避《预算法》《担保法》《贷款通则》的约束，通过划拨实

---

① Public Sector Debt Statistics: Guide for Compilers and Users, ISBN 978-1-61635-156-4, Washington, DC: International Monetary Fund, 2011; Government Finance Statistics Manual 2014, International Monetary Fund.

② 2014年8月，中国人大常委会审议通过《全国人大常委会关于修改〈预算法〉的决定》，新《预算法》于2015年1月1日开始实施。

表1　　　　　　　　　　我国地方政府性债务统计口径

五大主体/三类债务		负有直接偿债责任的债务	负有担保责任的或有债务	其他相关债务
地方政府	包括地方政府及所属部门和机构，地方人大、政协、司法等机关单位。	①地方政府债券、国债转贷、外债转贷、农业综合开发借款、其他财政转贷债务中确定由财政资金偿还的债务。②政府融资平台公司、政府部门和机构、经费补助事业单位、公用事业单位及其他单位举借、拖欠或以回购等方式形成的债务中，确定由财政资金（不含车辆通行费、学费等收入）偿还的债务。③地方政府粮食企业和供销企业政策性挂账。	指因地方政府（含政府部门和机构）提供直接或间接担保，当债务人无法偿还债务时，政府负有连带偿债责任的债务。①政府融资平台公司、经费补助事业单位、公用事业单位和其他单位举借，确定以债务单位事业收入（含学费收入）、经营收入（含车辆通行费收入）等非财政资金偿还，且地方政府（含政府部门和机构）提供直接或间接担保的债务。②地方政府（含政府部门和机构）举借，以非财政资金偿还的债务，视同政府担保债务。	指政府融资平台公司、经费补助事业单位和公用事业单位为公益性项目举借，由非财政资金偿还，且地方政府（含政府部门和机构）未提供担保的债务（不含拖欠其他单位和个人的债务）。政府在法律上对该类债务不承担偿债责任，但当债务人出现债务危机时，政府可能需要承担救助责任。
经费补助事业单位	指接受国家经费补助的事业单位，包括全额拨款事业单位、差额拨款事业单位。			
公用事业单位	指国家予以财政补助的供水、供气、供热，污水处理、垃圾处理、城市公共交通等事业单位或国有独资、控股企业。			
政府融资平台公司	指由地方政府及其部门和机构、所属事业单位等通过财政拨款或注入土地、股权等资产设立，具有政府公益性项目投融资功能，并拥有独立企业法人资格的经济实体。			
其他单位	指除地方政府部门和机构、经费补助事业单位、公用事业单位和融资平台公司等四类主体之外的单位，其债务由政府财政资金偿还或者由政府提供了各种形式的担保。			

物（如土地）、货币（财政资金）、无形资产（特许权）等形式组建城市建设开发投资公司、城市资产经营公司等不同类型的企事业单位作为融资平台，再辅之政府承诺函、财政补贴和设立政府偿债基金作为还款保证，通过资本化方式（主要包括：土地资本化、政府支出资本化和特许权资本化三种方式）实现多渠道融资，将筹集的资金运用于公共交通、道路桥梁、燃气、水务、农业、地铁、港口等城市和农村基础设施建设。其中，以政府注入的储备土地资产向银行申请抵押贷款成为地方政府融资平台公司最主要的融资方式。由于在相当长一段时间

内，许多地方政府的资本性支出过度依赖土地资源收益（租、税、费以及债务融资收入），这一现象被业界称之为"土地财政"。应当肯定的是，"土地财政"在中国市场经济转轨期，对于实现赶超战略和快速推进城市化、工业化发挥了不可估量的积极作用。但是，由于与土地相关的一些管理体制机制存在不完善之处，也伴生了一些不良的社会后果，包括土地寻租、财政不可持续以及"高地价、高房价"等。除银行贷款外，地方政府融资平台公司还通过资本市场以"企业债""公司债"名义筹集地区基础设施建设资金。特别是 2008 年以后，企业债券发行有所宽松，融资平台公司发行的城投企业债券逐渐成为市场主流。虽然，这些债务在法律意义上仍属于"企业债"，但是这些债券的发行通常是在地方政府的授意下发行，承担了政府职能，并且依据所投资项目的公益性程度和是否具备现金流收入给予了财政补贴或政府担保，融入了政府信用，具备市政债的一些基本特点，可以说是中国地方政府债券的"早期雏形"。在这一时期，中国地方政府的举债主体已全面扩大至省、市、县三级政府及所属机构。其中，省级政府（含计划单列市，下同）举借负有偿还责任或担保责任的债务的起始年集中在 1981 年至 1985 年，有 28 个省级政府开始举债；市级和县级政府举借债务的起始年集中在 1986 年至 1996 年，共有 293 个市级和 2054 个县级政府开始举借债务。至 1996 年底，全国所有省级政府、392 个市级政府中的 353 个（占 90.05%）和 2779 个县级政府中的 2405 个（占 86.54%）都举借了债务。总体看，20 世纪 90 年代开始，以地方政府融资平台公司为举债主体的地方政府性债务开始高速增长。

反周期调节政策也是驱动地方政府性债务快速增长的一个重要政策因素。为了应对 1997 年亚洲金融危机、2008 年全球金融危机对中国以及全球经济的负面冲击，中国政府采取的积极财政政策带来了地方政府债务的"井喷式"增长。真正意义的地方政府债券在这一过程中重启。2009 年和 2010 年，为应对全球金融危机，经国务院批准同意，以省、自治区、直辖市和计划单列市政府为发行和偿还主体，由财政部按照记账式国债发行方式，采用荷兰式招标，通过"财政部国债发行招投标系统"，面向承销机构进行招标代理发行（包括代办还本付息和支付发行费）4000 亿元可流通记账式债券。债券收入全额纳入省级财政预算管理，市、县级政府使用债券收入的，由省级财政转贷，纳入市、县级财政预算。代发债券收入安排的支出纳入地方各级财政预算管理。资金主要用于中央投资地方配套的公益性建设项目及其他难以吸引社会投资的公益性建设项目支出。其后，在经历"代发代还""自发代还""自发自还"三个阶段的经验储备后，

2014年8月,地方政府债券最终获得了明确的合法身份,再次正式登上历史舞台。1997—2010年,中国地方政府性债务的平均增速达到33.87%。其中,1998年和2009年地方政府性债务余额分别比上年增长48.20%和61.92%(见图1)。截至2010年底,全国只有54个县级政府没有举借政府性债务,全国地方政府性债务余额107174.91亿元。其中:政府负有偿还责任的债务67109.51亿元,占62.62%;政府负有担保责任的或有债务23369.74亿元,占21.80%;政府可能承担一定救助责任的其他相关债务16695.66亿元,占15.58%①。

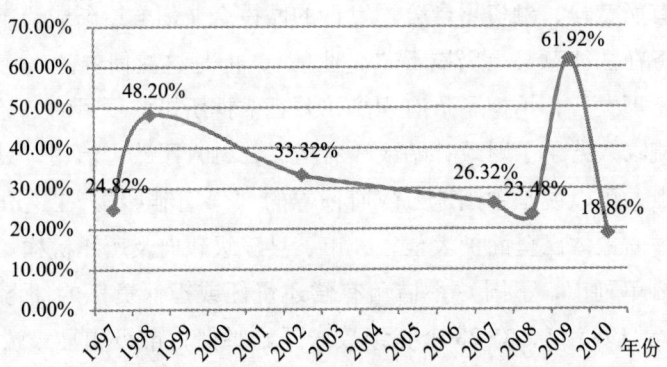

图1　1997—2010年中国地方政府性债务增长率

资料来源:中国审计署《2011年第35号:全国地方政府性债务审计结果》。

急剧增长的地方政府性债务引起了中国中央政府的高度警惕。2010年以来,中国中央政府以清理整顿地方政府融资平台公司为切入点出台了一系列地方政府融资的规范性措施。地方政府性债务高速增长态势得到有效遏制。截至2013年6月底,中国地方政府负有偿还责任的债务108859.17亿元,负有担保责任的债务26655.77亿元,可能承担一定救助责任的债务43393.72亿元②。虽然相比2010年仍有较大幅度的增长(66.9%),但此次增长的主要原因是债务审计统计口径发生变化,审计范围新增乡镇级政府,审计主体数量扩大数倍且融资方式新增信托贷款、融资租赁、售后回租、发行理财产品、BT、垫资施工、集资等。

虽然,规范性措施和专项整治措施的先后紧密出台有效遏制了地方政府性债务的无序增长。但是,从长期看,对于推动地方政府规范化融资、运用市场化手段实现最佳的政府资源配置而言,却不是长久之计。2014年8月,中国人大常委会审议通过《全国人大常委会关于修改〈预算法〉的决定》(以下简称新

---

① 中国审计署《2011年第35号:全国地方政府性债务审计结果》。
② 中国审计署《2013年第32号公告:全国政府性债务审计结果》。

《预算法》),该法明确赋予了中国省级地方政府举借债务的合法地位。允许省、自治区、直辖市的预算中必需的建设投资的部分资金,可以在国务院确定的限额内,通过发行地方政府债券举借债务的方式筹措。市县级地方政府如确需发债,只能通过省、自治区、直辖市政府代为举借。与此同时,2015年底,中国国务院确立了对地方政府债务余额实行限额管理的总量控制模式,具体分为一般债务限额和专项债务限额。地方政府债务总限额由国务院根据国家宏观经济形势等因素确定,并报全国人民代表大会批准。各省、自治区、直辖市政府债务限额,由财政部在全国人大或其常委会批准的总限额内,根据债务风险、财力状况等因素并统筹考虑国家宏观调控政策、各地区建设投资需求等提出方案,报国务院批准后下达各省级财政部门。地方政府要将其所有政府债务纳入限额,并分类纳入预算管理。其中,一般债务纳入一般公共预算管理,主要以一般公共预算收入偿还,当赤字不能减少时可采取借新还旧的办法。专项债务纳入政府性基金预算管理,通过对应的政府性基金或专项收入偿还;政府性基金或专项收入暂时难以实现,如收储土地未能按计划出让的,可先通过借新还旧周转,收入实现后即予归还。

在加强对地方政府债务的行政管理的同时,为拓宽城镇化建设融资渠道,中央政府积极推动了政府和社会资本合作、政府投资引导基金等的新型地方政府投融资模式的发展,意在规范地方政府融资、降低政府直接负债的同时,推进地方政府利用市场化手段实现投融资渠道的多元化,提高政府投资项目的运营管理效率,与社会资本方合理分担项目成本与风险,逐步形成"政府管控+市场约束"型的地方政府债务管理模式。然而,在推动地方政府投融资模式多元化的同时,地方政府债务的构成也在悄然发生变化,由过去以直接、显性债务为主体的债务构成逐步向以或有、隐性债务为主体的债务构成转变,这对于地方政府的债务计量、确认以及风险管理带来更大的挑战。根据财政部数据,预计截至2017年底,中国地方政府债务余额限额是188174.3亿元。其中,一般债务余额限额115489.22亿元,专项债务余额限额72685.08亿元。

(三) 地方政府债务现状

新《预算法》的出台明确了地方政府债券是中国地方政府唯一合法的债务融资渠道。为了进一步规范地方政府债务的预算管理,同时为缓解地方政府的偿债压力和满足投资资金需求,2015年至2017年9月,经国务院批准,中国地方政府共发行14.85万亿元地方政府债券,其中包括8.7万亿元的地方政府置换债券和6.15万亿元的新增债券。虽然，地方政府债券的发行改变了地方政府债务融资方式和管理模式。但是，并没有根本性地改变地方政府债务融资的需求主体和资金用途。因此，在缺少当前实时地方政府债务统计数据的情况下，以中国国家审计署2013年发布的《2013年第32号公告：全国政府性债务审计结果》的相关数据反映中国地方政府债务的相关构成情况。

1. 地方政府债务的层级结构

从政府层级看，截至2013年6月底，省级、市级、县级、乡镇政府负有偿还责任的债务分别为17780.84亿元、48434.61亿元、39573.60亿元和3070.12亿元。其中，市级、县级政府占比达到44.49%和36.35%，是地方政府负有直接偿还责任债务的主要借债主体。不仅如此，市、县级政府也是地方政府负有担保责任和一定救助责任债务的主要债务主体，是地方四级政府中融资最多、偿债压力最大的政府。如表2所示。

表2　　　　　　　　中国各级地方政府债务结构　　　　　　　单位：亿元,%

债务类别	合计		省级		市级		县级		乡镇	
	金额	比重	金额	比重	金额	比重	金额	比重	金额	比重
偿还责任债务	108859.17	100%	17780.84	16.3%	48434.61	44.5%	39573.60	36.4%	3070.12	2.8%
担保责任债务	26655.77	100%	15627.58	58.6%	7424.13	27.9%	3488.04	13.1%	116.02	0.4%
救助责任债务	43393.72	100%	18531.33	42.7%	17043.70	39.3%	7357.54	17.0%	461.15	1.0%

注释：偿还责任债务，指政府负有直接偿还责任的债务；担保债务，指政府负有担保责任的债务；救助责任债务，指政府负有一定救助责任的债务。

数据来源：审计署2013年第32号公告《全国政府性债务审计结果》。

2. 地方政府债务的主体结构

从融资主体看，融资平台公司、政府部门和机构、经费补助事业单位是政府负有偿还责任债务的主要举借主体，分别举借40755.54亿元、30913.38亿元、17761.87亿元，占比分别为37.44%、28.40%和16.32%，其他单位举借的政府性债务仅占17.84%。但是，自2015年新《预算法》实施后，上述所有单位均无资格举借地方政府债务，所有政府债务必须以省、自治区、直辖市政府（含计划单列市）为主体通过发行地方政府债券的方式筹措；除法律另有规定外，地方政府及其所属部门不得为任何单位和个人的债务以任何方式提供担保。目前，不同主体举借的地方政府负有偿还责任的存量债务基本上以省级政府（含计划单列市政府）的置换债券形式存在。见表3。

表3　　　　　　　　中国地方政府债券累计发行规模　　　　　单位：亿元

年度	地方政府债券合计	新增一般债券	新增专项债券	置换债券
2009	2000	2000	—	—
2010	2000	2000	—	—
2011	2000	2000	—	—
2012	2500	2500	—	—
2013	3500	3500	—	—
2014	4000	4000	—	—
2015	37537.05	5220	1000	31317.05
2016	60458.4	7698.41	4000	48760
2017年9月	34518.37	—	—	6960.61

注释：表中数据根据相关资料整理得到。

3. 地方政府债务的融资方式

从融资方式看，截至2013年6月底，银行贷款是地方政府最主要的债务融资方式，分别占三类债务融资规模的50.75%、71.60%与61.87%。但是，中国新《预算法》明确规定，除前款规定外（即地方政府债券），地方政府及其所属部门不得以任何方式举借债务。目前，中国地方政府的债务融资均在当年确定的政府债务限额内以省级政府（含计划单列市政府）的名义发行债券方式举借。

二、地方政府债务增长的主要驱动因素

20世纪90年代以来，导致中国地方政府性债务迅速增长的主要因素包括以下五个方面：一是快速工业化驱动下的城镇化发展；二是地方政府投资权限的不断扩大；三是地区间的政治竞赛；四是反周期调控政策；五是金融业的发展。前四个因素是债务增长的需求侧动因，而第五个因素是债务增长的供给侧动因。

（一）快速工业化驱动下的城镇化发展

中国人口城镇化水平自20世纪90年代以来经历了一个快速发展时期，人口城镇化率（按常住人口测算）基本以每年1个百分点的速度增长。根据世界城

市化发展的共同经验——纳瑟姆曲线表明：当城市化水平超过30%时，经济发展的第一个拐点出现，进入较为迅猛的高速阶段。据此经验，当前中国的城市化水平正处于第一拐点之后的经济快速发展阶段。从国际经验看，此阶段的一个突出特征就是公共服务、基础设施和公用事业的社会需求急剧增长，亟需大规模公共投入。这一特征与德国经济学家瓦格纳总结的：当国民收入增长时，社会公众对公共服务的需求将以更快速度增长，财政支出也将以更大比例增加的经验判断相互映证。超常增长的公共投资带来了地方政府融资和地方政府债务的大规模快速增长。

（二）地方政府投资权限的扩大

以1993年十四届三中全会通过的《中共中央关于建立社会主义市场经济体制若干问题的决定》中关于"在投资领域实现市场对资源配置的基础性作用"的决定为起点，中国政府投融资体制改革进入了全面扩大和深化改革阶段，地方政府在投资领域的自主权限得到不断扩大，由20世纪80年代初期的1000万元扩大到80年代后期的5000万元（1988年），基本建设投资项目集中管理体制被打破。特别是2001年以来，对于不需要国家投资的城市基础设施、农林水利、社会事业项目、房地产开发、商贸设施五大类投资项目，投资总额在2亿元以下的，不必报中央审批，按照"谁投资、谁决策、谁受益、谁承担风险"的原则，地方政府出资的由地方政府审批。投资权限的下放，客观上刺激了地方政府投资的积极性和可操作性，为满足基建投资资金需求的债务融资也随之大规模迅速增长。

（三）地区间的政治竞赛

中国政府绩效考核长期以来偏重经济指标，经济总量与增速成为影响地方政府首脑政治晋升竞赛成败的关键因子。在这种绩效评价机制的影响下，地方政府首脑无疑有动力加大地方政府对本地区经济发展的影响力，通过大规模公共投资实现地方经济的短期快速发展，甚至不惜忽视政府投资的合理性而超越其职权范围，过度干预市场，人为加重了自身的支出负担。各种"形象工程"，作为"可见的"经济发展成果，是地方政府首脑最有效的政治晋升砝码。这种不合理激励机制下的地方政府首脑投资冲动无疑增加了政府融资需求，政府债务与财政金融风险不断积聚。

（四）反周期政策调控

1997年亚洲金融危机、2008年全球金融危机爆发后，为应对危机对中国经济的负面影响，中国政府采取了积极的财政政策和宽松的货币政策，通过扩大政府投资、增加货币供给、取消信贷规模限制等方式，稳定经济增长。其中最具典型性代表的是2009年为扩大内需、促进经济平稳较快增长，中国中央政府提出了加快建设保障性安居工程、农村基础设施建设、铁路、公路和机场等重大基础设施建设、加快医疗卫生、文化教育事业发展、加强生态环境建设、加快自主创新和结构调整等10项反周期调节政策。10项投资资金主要来源于中央投资11800亿元，占总投资规模的29.5%，地方政府配套投资28200亿元，占总投资规模的70.5%。巨额的政府投资直接刺激了地方政府债务的"井喷式"增长。

（五）金融业发展

改革开放近四十年来，中国金融业的发展翻天覆地。截至2017年二季度，中国银行业总资产规模达到2431661亿元，总负债达到2249101亿元。已经形成以5家大型商业银行、3家政策性银行、12家股份制商业银行、134家城市商业银行、1125家农信社、1114家农村商业银行以及包含信托公司、金融租赁公司、资产管理公司、外资金融机构在内的共计4398家银行业金融机构构成的庞大的银行业服务体系。银行业服务能力明显提升，从过去单一的资金支付、结算、汇兑，到目前立体多元化的财富投资、配置和托管，呈现出公司业务的投行化转型与零售业务的资管化转型，银行业服务体系向纵深化、专业化发展。中国资本市场也获得长足发展。以债券市场为例，当前中国债券市场逐步形成以银行间市场为主体、交易所市场与场外柜台市场共同发展的市场体系。截至2017年8月，中国债券市场托管规模达到48.18万亿元，涵盖国债、地方政府债券、政策性银行债、企业债券、资产支持证券、中期票据、集合票据等多类债务融资工具，以及包括商业银行、证券机构、保险机构、基金公司以及其他非银行金融机构在内的多元化投资者主体，交易方式与期限结构日益丰富。金融业的大发展为地方政府债务融资提供了多元化的渠道、产品选择以及更为优化的金融生态环境，为投资者配置地方政府债券提供了便利。

三、地方政府债务的未来趋势预测

（一）规模预测

考虑到城镇化发展是推动中国经济持续增长的最重要动力源之一以及反周期政策的短期影响，通过建立中国地方政府负债率（地方政府债务/GDP）、人口城镇化率以及反周期积极财政政策三个变量之间协整计量方程式，对地方政府债务规模进行了预测：（1）中国人口城镇化率将继续保持上升趋势，预计在2022年中国人口城镇化率将达到64.5%，但仍远低于发达国家80%的平均水平。（2）不同于1997年亚洲金融危机、2008年全球金融危机时期的以大规模政府投资、扩大财政支出为主要特征的积极财政政策，当前及未来5年中国政府采取的积极财政政策主要以优化支出结构、结构性减税、积极推动政府和社会资本合作、政府投资引导基金等新型地方政府投融资模式的发展为主要特征，虽然同样"积极"，但考虑到供给侧改革动能释放后的经济刺激效应，在减少需求侧市场干预、形成松紧政策组合、确保经济平稳增长，从量的角度看会表现为一定程度的中性或相对紧缩。（3）预计随着中国供给侧结构性改革的深入以及政策效果的逐步释放，中国经济增长的技术动能、结构优化动能将支撑中国经济出现较为乐观增长趋势，GDP增速可能由2016年的6.7%的水平逐步在2020年达到7.1%，在2022年周期性回调到6.8%。

在基于上述情景假设的情况下，未来我国地方政府债务规模将呈现持续上升趋势，实际债务余额将由2016年的15.32万亿元上升至2022年的22.4万亿元，但地方政府负债率在20%—25%之间波动（参见表4），总体保持稳定。

表4　　　　2017—2022年中国地方政府债务规模预测

年度	地方政府债务规模（亿元）	地方政府负债率（%）	城镇化率（%）	国内生产总值（亿元）	国内生产总值增速（%）
2017	162391.32	20.77	58.46	781957.77	6.85
2018	175533.54	21.74	59.69	807523.26	6.80
2019	189618.14	22.72	60.92	834705.43	6.90%
2020	211274.73	23.63	62.08	893969.51	7.10
2021	229023.61	24.57	63.27	931959.52	6.90

续表

年度	地方政府债务规模（亿元）	地方政府负债率（%）	城镇化率（%）	国内生产总值（亿元）	国内生产总值增速（%）
2022	224260.72	22.53	64.48	995332.77	6.80

注释：本表中的地方政府债务余额与中国财政部公布年度地方政府债务余额限额不同，此表中为实际债务规模数。例如，2016年，中国财政部公布的调整后的地方政府债务限额171874.3亿元，而2016年末地方政府实际债务余额仅为153164.01亿元。

（二）结构预测

1. 融资方式

可以肯定，由于新《预算法》明确规定了地方政府债券是地方政府唯一的举债方式。因此，随着2014年末确认的以前年度通过各类渠道（银行贷款、信托、BT等）形成的地方政府债务的置换完成，地方政府债券将成为地方政府负有偿还责任债务的唯一方式。

2. 主体结构

由于新《预算法》与《国务院关于加强地方政府性债务管理的意见》（2014年国发43号文）明确规定了：所有地方政府债务必须以省、自治区、直辖市政府（含计划单列市）为主体通过发行地方政府债券的方式筹措；市县级政府确需举借债务的由省、自治区、直辖市政府代为举借；政府债务只能通过政府及其部门举借，不得通过企事业单位等举借；没有收益的公益性事业发展确需政府举借一般债务的，由地方政府发行一般债券融资，主要以一般公共预算收入偿还。有一定收益的公益性事业发展确需政府举借专项债务的，由地方政府通过发行专项债券融资，以对应的政府性基金或专项收入偿还。因此，从政府层级结构、举债主体结构看，省级（或计划单列市）地方政府将是唯一的地方政府债务融资主体。但在实际操作，作为事实上的最终债务资金使用主体与偿还主体的市县级政府由于缺乏话语权，存在较严重的信息不对称，影响了债务管理效率。因此，不排除未来改革赋予市县级政府举债权。

3. 债务形式

新《预算法》明确规定，除法律另有规定外，地方政府及其所属部门不得为任何单位和个人的债务以任何方式提供担保。其次，由于政府与社会资本合作模式的推广，其中隐含的政府兜底责任也在不断地放大，地方政府的债务形式也逐渐由过去的直接债务向或有债务转变。因此，未来地方政府债务的主要形式是负有偿还责任的债务和负有救助责任的或有债务。担保责任债务仅限于外国政府和国际组织贷款。

四、地方政府债务的风险研判

(一) 总体风险

根据我们的预测,未来 5 年,我国地方政府债务总体保持增长趋势,最高可达到 22.9 万亿元（2021 年）,而同期地方政府负债率达到 24.57%。此后,地方政府债务总体规模保持稳定,至 2022 年达到 22.42 万亿元,但地方政府负债率降至 22.53%（见图 2）。这意味着,未来 5 年内,如果按照政府负债率低于 60% 的欧盟警戒线看①,中国中央财政的负债率可以在 0%—38% 之间变化,而根据 2005—2016 年数据反映,中国中央财政负债率从未超过 20%,即使是在 2007—2010 年全球金融危机最艰难时期也是如此。因此,可以说中国地方政府负债率处于一个较为合理的水平,能够确保中国政府负债总水平处于安全区间内,可以实现"守住不发生系统性金融风险"这一底线要求,为中央财政提供了足够的负债空间用于政策调控,应对任何可能的危机状况。

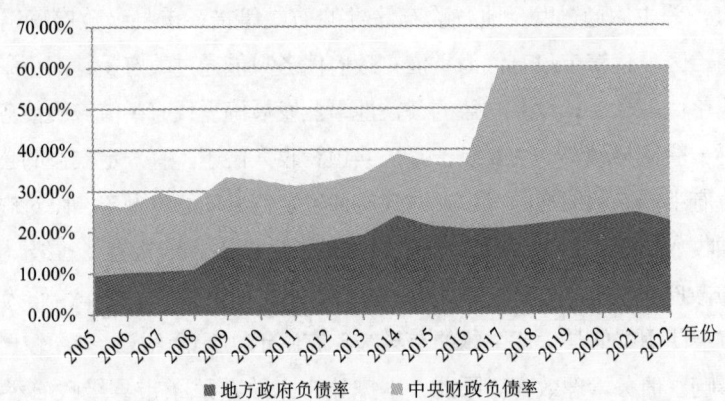

图 2　2005—2022 年中国政府负债率

注释：2017—2022 年地方政府负债率为预测值；2017—2022 年中央财政负债率是以欧盟 60%,政府负债率警戒线倒算的负债空间。

---

①　2016 年 5 月,财政部表示,中国政府这一债务水平低于欧盟 60% 的预警线,也低于当前主要市场经济国家和新兴市场国家水平（如日本超过 200%、美国超过 120%、法国 120% 左右、德国 80% 左右、巴西 100% 左右）。http：//www.gov.cn/xinwen/2016-05/27/content_5077158.htm。

但是，近年来，地方政府积极推进政府与社会资本合作、政府投资引导基金等方式拓展地方政府融资渠道。截至 2017 年 9 月底，中国 PPP 综合信息平台项目库入库项目已达 6778 个，入库项目金额近 10.12 万亿元。相比传统银行信贷、政府债券、信托融资等方式，此类政府投融资模式的重要特征是交易结构复杂、制度规范不到位、政府监管和风险防范化解手段不足，监管难度大。因此，此类融资衍生出的财政金融风险因素具有隐蔽复杂而难以监测预警的特征，一旦出现政府偿付困难，传染效应十分明显，危机爆发的速度更快、波及面更广，须引起各级政府的高度关注。

（二）省际风险

截至 2016 年末，中国地方政府总体债务率（地方政府债务余额/综合财力）约为 74.96%，低于 2015 年末的 89.2%。从省际层面看，各省、自治区、直辖市的债务率处于 34.09%—203.33% 之间；其中，有 13 个省的债务率低于全国平均水平，17 个省的债务率高于全国平均水平；有 5 个省的债务率高于全国人大常委确定的 100% 警戒线，有 4 个省的债务率超过 90%，接近警戒线水平。与国际相比，中国绝大多数省的政府债务率低于世界发达国家以及新兴市场国家设定的州级（或省级）政府债务率警戒线（例如，美国 90%—120% 之间，新西兰为 150%，俄罗斯 100%，印度 300%，巴西 200%），但要高于一部分发展中国家设定的州级（或省级）政府债务率警戒线（例如，波兰为 60%，哥伦比亚为 80%）。因此，虽然中国地方政府债务风险总体可控，可以守住不发生系统性风险的底线。但是，个别省的政府债务风险值得高度关注，尤其是目前经济仍处于低迷状态、尚未找到突破经济发展困局之路的省份（例如辽宁省，2016 年该省部分县市已发生为确保偿还债务本息而影响政府正常履行职能的情况），必须强化政府债务风险的管理，防范发生区域性风险。

预计未来，随着地方政府债务全部纳入预算管理，地方政府融资平台退出历史舞台，土地储备专项债券的发行以及房地产调控政策的持续实施，"土地财政"的不良后果得到有效抑制。尤其是，导致地方政府债务风险的两大因素（一是融资平台公司高负债但缺乏偿债能力，二是政府偿债过度依赖土地资源收益）得到了较好的治理，中国地方政府债务风险可以得到更有效的管理。从根本上看，确保经济持续发展才是有效提升地方政府偿债能力、控制债务风险的最终解决之道。如表 5 所示。

表 5　　　　　　　　　　　　　2016 年末中国地方政府债务率

地区	地方政府债务率	地区	地方政府债务率	地区	地方政府债务率
山西省	34.09%	天津市	70.38%	湖南省	92.79%
甘肃省	50.35%	吉林省	71.67%	安徽省	94.65%
北京市	53.55%	浙江省	78.17%	陕西省	95.36%
上海市	56.61%	山东省	78.23%	河北省	104.65%
河南省	58.91%	四川省	78.64%	内蒙古自治区	115.92%
湖北省	60.56%	青海省	83.10%	云南省	116.49%
新疆维吾尔自治区	63.13%	福建省	85.55%	辽宁省	160.16%
重庆市	65.11%	海南省	86.58%	贵州省	203.33%
江苏省	67.44%	广东省	86.95%	西藏自治区	—
江西省	67.64%	广西壮族自治区	87.82%	全国	74.96%
黑龙江省	68.08%	宁夏回族自治区	92.20%		

注释：由于未找到各省一般公共预算以及政府性基金预算收入中的中央补助收入以及上解收入，所以本表中综合财力 = 一般公共预算支出 + 政府性基金预算支出。数据主要来源于 Wind、各省财政厅以及财政部在线数据。

（三）金融风险

近年，随着中国地方政府债券市场规模的快速扩张，其期限结构、发行主体与投资者结构的日益丰富，其宽度、深度都在不断提升。地方政府债券对金融市场的影响力正在逐步显现，引发市场的广泛关注。结合市场的关注点，可以从市场流动性、经营风险（金融机构盈利能力）、社会融资风险（社会融资成本）、道德风险四个方面分析中国地方政府债券发行可能带来的市场冲击。

1. 流动性风险

主要考虑二个层面，一是地方政府债券的大规模发行是否会导致我国金融体系资金供需的总量失衡，引发市场资金链断裂。二是地方政府债券自身的流动性如何，是否会影响持有者的资产配置能力。Wind 数据显示，自 2015 年中国开始大规模发行地方政府债券以来，中国金融机构人民币存贷差保持在 12 万亿元—19 万亿元之间（已扣除准备金存款），远大于同期地方政府债券的发行规模。例如，截至 2017 年 8 月末人民币境内存款余额 161.8 万亿元，人民币境内贷款余额 116.5 万亿元，剔除储备货币，金融机构仍有 17.5 万亿元各类货币资金可以用于债券、股权等其他类型投资，多于 13.8 万亿元地方政府债券余额。因此，中国金融体系具有足够流动性吸纳 13.8 万亿元的地方政府债券。其次，从目前已发行的地方政府债券二级市场交易看，我国地方政府债券通常是被投资者持有到期，交易不活跃。但是，换手率低不完全是由于地方政府债券自身的特性所决定，而是部分归因于我国政府债券市场投资者结构。商业银行，特别是全国性商业银行是我国地方政府债券市场的主要投资者，而商业银行无论是资金来源（负债）还是资金使用（资产）都具有规模优势和相对较低的成本。因此，可以合理地接受在其他金融机构看来"无利可图"的地方政府债券。由于缺乏其他金融机构作为交易对手，结果导致目前地方政府债券二级市场交易不活跃。但是，随着中国地方政府债券市场存量规模的扩大，交易品种的丰富，衍生品市场的发展以及市场定价能力的提升，特别是政府的政策支持（例如：地方政府债券将纳入中央国库现金管理和试点地区地方国库现金管理、央行部分货币政策操作、商业银行质押贷款的抵（质）押品范围，并可按规定开展回购交易），长期看中国地方政府债券流动性无需堪忧。综合上述分析，万亿地方政府债券的发行与流通不会对我国金融体系的流动性带来持久显著负面冲击。

2. 经营风险

经营风险分析主要是分析收益率相对较低的地方政府债券发行对金融机构盈利能力的影响。从发行期限看，地方政府债券主要是 3 年期以上的中长期债券。根据相关规定，地方政府债券公开发行的"投标利率区间下限不得低于发行日前 1 至 5 个工作日相同待偿期记账式国债收益率平均值"。从实际已发行债券的利率水平看，采取公开发行方式的地方政府债券发行利率紧贴招标利率下限，采取定向方式发行的地方政府债券一般比公开方式发行利率高，比同期商业银行贷款基准利率（3 年期以上）偏低。从短期看，可能会对金融机构的盈利水平形成一定冲击。但是，地方政府债券对于金融机构，尤其是商业银行也带来一定的成本节约效应。一是地方政府债券的利息收入可以免征所得税，具有一定的税盾效应。二是地方政府债券的风险加权系数为 20%，远低于贷款 100% 的加权系数，可节省银行资本。三是银行信贷资产的管理成本相比于政府债券管理成本较高。目前看，商业银行对地方政府债券的投资策略主要是持有到期，期间的风险管理成本较低；而银行信贷资产投资则需要涉及贷前调查、贷时审查、贷后的跟踪调查等一系列过程，需要占用大量的系统资源，风险管理成本较高。四是商业银行作为地方政府债券承销团成员，有可能获得低成本财政存款，进一步降低了商业银行的投资成本。五是随着地方政府债券市场化程度的逐步提升，金融机构议价能力的提升，更接近于地方政府信用水平的差别定价可以提升金融机构的盈利水平。因此，综合看，面对利率市场化改革深入和商业竞争日趋激烈的整体发展格局和态势,地方政府债券的发行,不仅不会对金融机构的长期盈利能力造成持久负面冲击,而且能促使金融机构进一步加强负债管理,提升企业核心竞争力和盈利能力。

3. 社会融资风险

从目前市场反应看,数万亿元地方政府债券的发行未对社会融资成本造成明显上升压力。但是,从局部债券市场的利率结构变化可以看到,由于债券主要集中于5—10年期的中长期债权,推升了中长期利率水平,收益率曲线变陡。因此,对于社会私人部门的中长期投资带来一定的潜在抑制效应,不利于社会中长期融资成本的下降。因此,要加强财政货币政策的协调配合,适时适度加大社会中长期资金的供给,部分抵消地方政府债券的发行对社会中长期资金成本的不利影响。

4. 道德风险

地方政府置换债券的发行主要是为解决地方政府面临的到期债务本金偿还问题,防范潜在的财政金融风险。但是,从市场角度看,这有可能是中央政府为地方政府解决债务困境提供的一种救助机制。如果这种机制一旦成为常态化措施,无形中会诱发地方政府过度举债的机会主义行为,并通过置换债券的方式掩盖和延迟可能出现的债务危机。

综合上述四方面分析,虽然,地方政府债券的发行不会对我国金融体系稳定造成显著的负面影响,而且从规范政府融资的角度看,长期有利于我国财政金融体系的持续稳定发展。但是,置换债券如果作为未来地方政府解决债务偿还问题的一种常设机制时,存在一定的道德风险;地方政府债券发行过度集中于中长期,可能拉高中长期利率水平,不利于社会中长期融资成本的下降,对社会私人部门的长期投资带来不利影响。

参考文献:

[1] Public Sector Debt Statistics: Guide for Compilers and Users, ISBN 978 – 1 – 61635 – 156 – 4, Washington, D. C.: International Monetary Fund, 2011; Government Finance Statistics Manual 2014, International Monetary Fund.

[2] 中国审计署,《2011年第35号:全国地方政府性债务审计结果》。

[3] 中国国家审计署,《2013年第32号公告:全国政府性债务审计结果》。

公共债务的管理

[日] 田中修

从制度层面来管理公共债务绝非易事，我想在日本经验的基础上，谈几点教训。

日本在经济高速增长期的前半期，一直维持着财政平衡的原则。这得益于日本以个人所得税、法人税等直接税为主体的税收结构，累进税率很高，因此在经济高速增长期能保证一定的税收，不需要借债。另外，在日本有以邮政储蓄、养老保险金作为本金进行政策性融资的FILP财政投融资计划，由此筹集到的资金足以进行基础设施建设，所以没有必要发行国债。

但是，1964年东京奥运会前夕股市泡沫破灭，奥运会结束之后，在"奥林匹克景气"的反作用力下经济开始出现萧条，实体经济也开始衰退，税收迅速下降，日本政府在1965年首次发行了国债。

尽管这次萧条只持续了很短的时间，但日本政府在萧条结束之后也没有停止发行建设国债。政策当局可能是出于大规模投资道路、桥梁、机场、港口等基础设施建设的考虑，故一直发行建设国债以便筹集资金。财务省的前身大藏省察觉到这一做法的危机，在1967—1968年，大力推行"打破财政僵化运动"，提出通过彻底削减财政支出来减少国债发行的诉求，但是政策当局并没有采纳大藏省的提议。在1972年，田中内阁反而提出了"日本列岛改造论"，将大规模不动产开发投资列入改造计划之中。

但是，受到1971年"尼克松冲击"和1973年"石油危机"的影响，日本

作者简介：[日] 田中修，财务综合政策研究所中国研究交流顾问。

经济元气大伤，经济高速增长期结束。于是，以直接税为中心税制的日本财政马上陷入收入不足的困境，日本政府不得已在1975年发行了原本被财政法所禁止的赤字国债。在那之后，1979年又发生了第二次"石油危机"，20世纪80年代以后，日本开始大量发行国债。

如上所述，国债一旦开始发行便刹不住车，每次遇到经济危机都扩大债务，造成债务不断扩大。这是第一点教训。

不过，这个时期的首相都十分重视财政规律，从大平内阁到铃木内阁、中曾根内阁、竹下内阁，历届政府一直努力减少赤字国债的发行，到20世纪90年代，赤字国债的发行量曾一度减少到零。

但是，此时的零赤字国债发行量并不仅仅是得益于政府努力削减财年支出，它同样是泡沫经济带来的不动产、证券等相关税收大幅增加的产物。因此，泡沫一旦破灭，就会有税收剧减、财政再次恶化的风险。遗憾的是，当时的政府及财政当局都没有意识到这种危机的存在。

1991年下半年，泡沫经济破灭之后，经济迅速衰退、税收大幅减少。另一方面，在经济高速增长期为了扩大公共投资，大力发行了建设国债。1995年1月，日本发生阪神、淡路大地震，致使关西地区税收减少，在这样一个背景下，日本政府不得不在1994年开始重新发行赤字国债。

基于以上事实我们可以看到，即便暂时恢复了财政平衡，但这种财政平衡很可能是基于特殊因素而出现的短暂的平衡，切忌轻易放缓削减财政支出的脚步。这是第二点教训。

1996年，实体经济暂时呈现出回升的迹象，因此，桥本内阁开始走财政结构改革的路线，在1997年上调了消费税的税率。然而，同年7月爆发了亚洲金融危机，到秋天，日本也发生了系统性金融危机。为应对此次危机，政策当局实施了大规模的经济对策，如向银行投入公共资金等，国债的发行额再次加大。

2001年成立的小泉内阁，又开始走财政结构改革的路线，在减少公共投资的同时，为了防止债务余额占GDP比重上升，制定了到2012年实现基础财政收支黑字的财政中期计划。但是，2008年9月金融危机爆发之后，日本立即进行大规模恢复经济的举措，2012年的财政中期计划被搁置。

如上所述，即便制定了中期财政计划，如果期间发生了巨大的经济变动，计划便会马上成为一堆废纸，因此，仅仅只是制定中期计划并不能成为财政健全化的保证。实现财政健全化真正需要的是进行财政重建的强烈决心和执行力，这是第三点教训。

民主党的菅内阁再次提出财政重建的方针。2010年，提出到2015财年基础财政收支较2010年减半、到2020财年实现财政收支黑字的中期财政目标。菅内阁之后的野田内阁继续走财政重建的路线，在2012年6月，与当时的在野党自民党和公明党就社会保障与税制一体化改革达成一致意见，即今后不再将财政重建问题作为政治斗争的内容。这份意见里，也包括对2014年4月及2015年10月两次上调消费税的一致意见。

然而，2012年年末成立的安倍内阁虽遵循此意见在2014年第一次上调了消费税，但是第二次的上调却延后两次，推迟到了2019年10月。并且，在2017年10月的众议院选举中，关于是否应当提高消费税以及增加的税收用途问题，还是成为了争论的焦点。

如上所述，即使执政党与主要的在野党达成了一致意见，但在财政重建是否切实得到落实尚未明朗的情况下，首相发生了更替，或者在野党进行了重组，那么之前制定的方针就会发生较大改变。在财政重建这个问题上，不应该局限于当时的主要执政党与在野党的一致意见，需要每一代的执政者都有很强的决心和共识才行。这是第四点教训。

公共债务为何持续膨胀？布坎南和瓦格纳在其著作《赤字中的民主》中指出，凯恩斯所主张的积极财政政策，在民主社会极有可能造成财政赤字扩大、公共债务增加。原因是，政府所提出的积极财政政策即赤字财政政策，积极财政政策造成社会的总需求增加，能实质性地减少纳税。因此能得到认为自己的处境能得到改善的人们（雇主、投资家、不动产所有者、官员）的支持。反过来，紧缩的财政政策即黑字财政政策造成社会总需求减少，纳税增加，便会遭到认为从政府那里获得利益会变少的人，认为自己的处境将会变得更加艰难的人们的反对。日本是多党制国家，如果执政党提出黑字财政政策，在野党反对此政策，很可能在野党会在选举中获胜，国家政权发生交替。所以说执政党只敢实行赤字财政政策，不敢实行黑字财政政策。因此，日本的财政赤字不断扩大，公共债务不断膨胀。

针对这一问题，布坎南和瓦格纳在书中提出了一个解决方案——将经济政策的决定权交给中央计划当局，而不是政府。

这样看来，中国的中央政府权力大，似乎可以很好地维持财政的健全性。但我并不这样认为。如果社会能从积极的财政政策中获得利益的集团很多的话，他们同样会用各种方法来反对紧缩的财政政策及公共债务的削减。例如，一直以来有很多地方政府通过扩大投资来提高当地的生产总值。房地产投机人员，因政府的大规模开发投资能扩大自己的利益。此外，有的政府机构因有向地方分拨投资的权限，一直以来在中央持有强有力的权力。这些个人及机构都是扩张性财政政策的利益共同体，一旦政府推行强有力的紧缩性财政政策，他们很有可能极力反对。

其中一个典型的例子就是 2002 年的关于积极财政政策淡出的争论。时任财政部部长项怀诚提出，自 1998 年开始实行的积极财政政策已经取得了显著的成果，是时候将积极的财政政策逐步淡出了。但是，遭到了多方面势力的反对，结果直到经济过热的 2004 年，政策都没能得到彻底的改变。

也就是说，即便是在中国也有公共债务扩大的风险，公共债务的管理需要中央进行强有力的领导。

中国地方政府债务风险及治理研究

李成威

当前,中国地方政府债务及其风险治理问题引起国内和国际社会的广泛关注。作为公共债务的重要组成部分,地方政府债务不仅是地方政府应该关注的问题,而且是与中国的债务风险、财政风险和公共风险密切联系的问题,在当前也是中国上述风险的主要来源,必须予以高度重视。

一、中国地方政府债务概览

在中国,地方政府债务在内涵和口径上都有相当大的变化,其中主要以现行预算法实施为界分为两个阶段。

(一)现行预算法实施之前的地方政府性债务

2015年以前,由于旧的预算法禁止地方直接举债,地方政府的债务融资一般称为地方政府性债务,包含了地方政府所属单位和机构依赖自身的政府信用或所拥有的资产抵押,向金融机构、上级财政、其他单位和个人举借的债务等。由于地方政府债务监管体制不健全,加之举债主体的多元化,使得地方政府性债务在2015年前呈现快速增长态势。以2010年国家审计署第一轮地方政府性债务审计为例,可以看出地方政府性债务在现行预算法颁布实施前的规模、结构与增长趋势。

作者简介:李成威,中国财政科学研究院外国财政研究中心副主任、研究员。

2010年底地方政府性债务余额累计10.7万亿元。2007年到2010年期间年度增长均超过万亿规模，累计增长了1.38倍，仅2009年地方政府性债务就较上一年增长了61.92%（见表1）。地方政府性债务变动的主要直接影响因素有：地方政府的公共投资缺口、中央政府对地方政府债务的监管力度以及地方政府债务还本付息压力等。

表1　　　　　　　　　　地方政府性债务增长情况　　　　　　　　　单位：亿元

年份	年末地方政府债务余额	增速（%）	当年新增
2007	45098	—	—
2008	55687	23.48	10589
2009	90168	61.92	34481
2010	107174	18.86	17006

数据来源：审计署2011年第35号审计公报。

按照国家审计署的审计结果，2010年底地方政府性债务余额10.7万亿元，与地方政府可支配财力和地方政府性基金收入两者基本持平。地方政府性债务收入中接近80%部分来源于银行的信贷资金，累计有84680亿元。见表2。

表2　　　　　　　2010年底全国地方政府性债务资金来源表　　　　　　单位：亿元

债权人类别	三类债务合计		政府负有偿还责任的债务		政府负有担保责任的债务		其他相关债务	
	债务额	比重（%）	债务额	比重（%）	债务额	比重（%）	债务额	比重（%）
银行贷款	84679.99	79.01	50225.00	74.84	19134.14	81.88	15320.85	91.77
上级财政	4477.93	4.18	2130.83	3.18	2347.10	10.04	0.00	0.00
发行债券	7567.31	7.06	5511.38	8.21	1066.77	4.56	989.16	5.92
其他单位和个人借款	10449.68	9.75	9242.30	13.77	621.73	3.52	385.65	2.31
小计	107174.91	100.00	67109.51	100.00	23369.74	100.00	16695.66	100.00

这种地方政府性债务筹资模式一直持续到2014年底。根据财政部的债务清理甄别，截至2014年末，地方政府具有偿还责任的债务存量为15.4万亿元。

（二）现行预算法实施之后的地方政府债券

2014年8月全国人大常委会审议通过了修改后的《中华人民共和国预算法》，并决定与2015年1月1日颁布实施。在《预算法》第四章预算编制部分的第35条规定：

经国务院批准的省、自治区、直辖市的预算中必需的建设投资的部分资金，可以在国务院确定的限额内，通过发行地方政府债券举借债务的方式筹措。举借债务的规模，由国务院报全国人民代表大会或者全国人民代表大会常务委员会批准。省、自治区、直辖市依照国务院下达的限额举借的债务，列入本级预算调整方案，报本级人民代表大会常务委员会批准。举借的债务应当有偿还计划和稳定的偿还资金来源，只能用于公益性资本支出，不得用于经常性支出。

除前款规定外，地方政府及其所属部门不得以任何方式举借债务。

除法律另有规定外，地方政府及其所属部门不得为任何单位和个人的债务以任何方式提供担保。

修改后的《预算法》明确了地方政府举债行为的三项规定。首先，地方政府只能是省级政府以地方政府债券的形式举借债务，其他政府层级及政府所属部门和机构均不得举债。其次，省级政府只能是在全国人民代表大会或者全国人民代表大会常委会批准的限额内发行地方政府债券。最后，举借的债务只能是预算中必需的建设投资资金，只能用于公益性资本支出，不得用于经常性支出。见图1和图2。

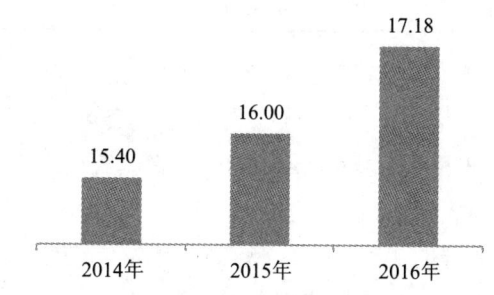

图1　地方政府债务限额（亿元）

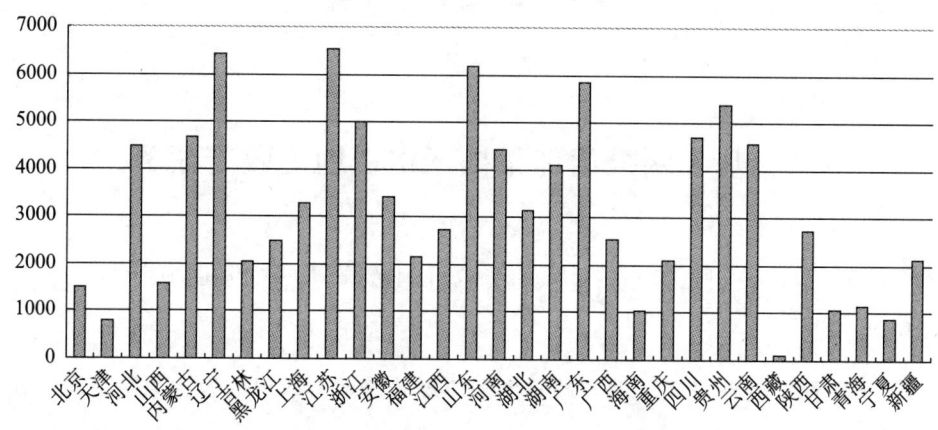

图2　2015年一般债务分地区限额（万元）

中国是从 2009 年开始发行地方政府债券,当年发行 2000 亿元,全部纳入地方政府一般公共预算。此后每年根据全国人民代表大会的批准额度发行地方政府债券。当年新增债券发行规模从 2009 年的 2000 亿元持续增长到 2016 年的 1.1698 万亿元,累计增长了近 5 倍,年均增长 28.9%。见表 3。

表 3　　　　　　　2009—2016 年地方政府债券发行情况　　　　　　　单位:亿元

年份	地方政府债券合计	新增一般债券	新增专项债券	置换债券
2009	2000	2000	—	—
2010	2000	2000	—	—
2011	2000	2000	—	—
2012	2500	2500	—	—
2013	3500	3500	—	—
2014	4000	4000	—	—
2015	37537.05	5220	1000	31317.05
2016	60458.41	7698.41	4000	48760

2015 年是地方政府债券发行管理改革力度最大的一年。当年增加了地方政府专项债券品种,用于地方政府有一定收益的投资项目。同时,当年安排了 3.1317 万亿元地方政府置换债券用于将 2014 年清理甄别出来的地方政府具有偿还责任的存量债务置换到地方政府名下。

从地方政府发行债券的用途来看,从 2009 年发行初始,地方政府债券用途就是地方政府资本性支出(投资性支出)。

2015 年颁布实施的《预算法》更是明确了地方政府债券收入不得用于经常性支出。

二、基于两级治理架构下审视地方政府债务

地方政府债务问题与公共风险的防范机制密切相关,应在两级治理架构下讨论。

(一)两级治理框架下地方政府债务体现的是地方政府的公共风险治理责任

国家治理应该是两级治理架构。虽然中国有五级政府,但在国家治理架构上

是两个层级,实行两级分权,即中央与地方;而地方是一个整体,省级、地市级、区县级、乡镇级之间的权限划分在不同地方可以不同,属于地方内部的事务性分权。

在两级治理架构下,公共风险以及应对外来冲击的治理模式,即财政政策的实施模式,从原来的一个整体分析风险治理转为从中央与地方共担的角度看风险治理。也就是说,在两级治理架构下,公共风险在中央和地方存在一个共担和分担的问题。而至于中央承担什么样的公共风险、承担多大风险,地方承担什么样的公共风险、承担多大风险,取决于中央和地方的治理模式。但不管如何分担,地方对公共风险都存在一个辖区责任的问题。省级政府要对辖区内的公共风险负有总体责任,而不是过好本级的日子。

从治理的角度看,未来的公共风险责任与未来的支出责任存在着对应的关系。一个辖区未来的公共风险越大,支出责任也越大。用数学语言来说,一个辖区未来的支出责任(zczr)与未来的公共风险(prisk)存在函数关系,而且是正相关关系。

$$zczr = f(prisk) \quad df > 0$$

当辖区的支出责任大于辖区的负担能力(财政汲取能力 incom)时就产生了地方政府债务(debt)。

$$debt = zczr - incom = f(prisk) - incom$$

从以上公式可以看出,地方政府债务是辖区公共风险的函数,在未来的负担能力未实现同步增长时,未来辖区承担的公共风险越大,地方政府债务也就越大。

(二)现行治理模式下地方政府的公共风险治理责任源于经济发展目标、工业化、城镇化和公共服务预期等不确定性因素

一是地方政府经济增速目标。区域国内生产总值增速变化是度量区域经济发展的重要基础性指标。作为最终产品需求的度量指标,它可以反映区域经济发展的规模和投资需求。德国经济学家瓦格纳法则揭示,当国民收入增长时,社会公众对公共服务的需求以更快的速度增长,财政支出也将以更大的比例增长。据此推测,区域经济发展的速度越快、规模越大,社会公众对区域内公共服务的需求也越大,迫使政府积极努力地扩大公共投资规模以满足社会经济发展的需要。同时,出于政绩考核的需要,地方政府也有冲动扩大区域公共投资规模,引领地区经济规模的快速增长和经济结构的调整。全球金融危机背景下中央政府保增长的外在政策刺激与地方政府横向竞争以及官员晋升导致的内在激励相叠加,导致了地方政府投资冲动空前激烈,由此产生了大规模的地方政府债务。具体而言,行政集权制度框架下的地方政府官员基于自身升迁、迫于地方政府竞争等因素而诱发的投资冲动始终是地方政府投资居高不下的内在动因。如果这一内在动因与中央政府的投资需求拉动的积极财政政策和极具宽松的货币政策周期相叠加,投资冲动将以更大规模更快速度在更大范围内集中爆发出来。

二是工业化因素。工业化发展因素是推动地方政府公共投资的基本因素,也是导致地方政府债务增加的直接源泉。打造良好的区域发展环境,以公共资本分摊企业成本,可以提高企业资本的利用效率和生产能力;培育幼稚产业发展环境,建立良好的风险分担机制,有助于区域产业结构的优化升级。在这些方面,地方政府在一定程度上比中央政府更接近市场和产业,更清楚的了解区域经济发展迫切需要的公共服务。大量的政府投资资金如果仅依靠地方政府的一般预算的税收、非税收入和政府性基金等是很难满足区域工业化发展的需求,必须依靠外部融资推动。这些融资就构成了地方政府债务。因此,工业化发展因素即是推动地方政府公共投资的基本因素,也是导致地方政府债务增加的直接源泉。分析地方性政府债务的根源必须考虑中国的工业化因素。

三是城镇化因素。目前中国的城镇化水平正处于这个快速发展阶段。从国际经验看,此阶段的一个突出特征就是基础设施(如市内道路、公交线路、交通干道设施、地下地面各类管道、桥梁、隧道等)、公用事业(如环境卫生、安全;公共旅客运输;自来水、电力、煤气、热力的生产、分配和供应;污水、雨水排放;文化体育场所、娱乐场所、公园;房屋修缮、邮政通信等)和公共服务(基本就业服务、基本养老、基本住房保障、公共卫生、基本医疗保障、义务教育和文化服务等)的需求伴随城镇化进程的推进急剧增长,需要大量的公共投入。

四是公共服务预期。公共服务预期实际上是对公共消费的预期,包括政府自身消费和社会性消费(教育、医疗和社保等支出)的预期。

也就是说,地方政府未来的公共风险责任是经济发展目标(gdp)、工业化(indu)、城镇化(urbn)和公共服务预期(ps)等的函数。

$$prisk = g(gdp, indu, urbn, ps)$$

$$debt = zczr - incom = f(prisk) - incom = f[g(gdp, indu, urbn, ps)] - incom$$

上式说明,地方政府债务体现了地方政府的公共风险治理责任,其中有显性的,也有隐性的,既有直接债务,又有或有债务。

(三) 地方政府的公共风险治理责任和地方政府债务还与中央和地方的风险配置以及市场对风险的分担有关

上述地方政府未来的公共风险责任是经济发展目标（gdp）、工业化（indu）、城镇化（urbn）和公共服务预期（ps）等的函数是基于中央和地方风险配置以及市场对风险分担既定的情况下得出的结论。实际上，地方的公共风险治理责任和地方政府债务还与中央和地方的风险配置以及市场对风险的分担密切相关。

一是中央与地方的风险配置。可以理解为我们经常说的事权和支出责任的划分问题。中央承担的责任（cen）越多，地方的公共风险责任就越少，政府性债务的压力也就越低。反之则压力越大。

二是市场对公共风险的分担水平（mak）。公共风险的承担实际上是可以引入市场来分担的，PPP 就是其中的模式。PPP 是公共事务治理的重要模式，其重要性不亚于市场化改革。PPP 利用好了不但可以改善公共服务和基础设施建设的水平，也可以在很大程度上减轻政府的公共风险责任，从而降低政府性债务压力。

这样，就有：

$$prisk = g(gdp, indu, urbn, ps) \times (1 - cen) \times (1 - mak)$$

$$\begin{aligned} debt &= zczr - incom \\ &= f(prisk) - incom \\ &= f[g(gdp, indu, urbn, ps) \times (1 - cen) \times (1 - mak)] - incom \end{aligned}$$

上述公式可以用图 3 来表示。

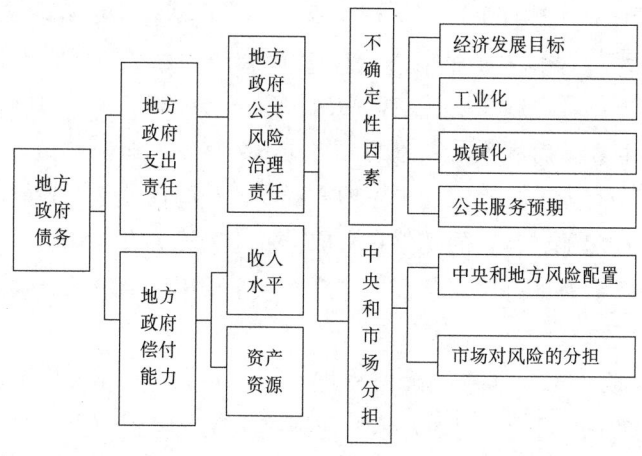

图 3　两级治理架构下的地方政府债务形成机制与影响因素

三、地方政府债务风险评估框架

(一) 评估框架

要对地方政府债务进行预测和评估,还要回到地方政府债务的理论公式,看看各因素在未来的发展变化情况,才能对未来的地方政府债务进行理性预测和评估。

$$debt = zczr - incom$$
$$= f(prisk) - incom$$
$$= f[g(gdp, indu, urbn, ps) \times (1-cen) \times (1-mak)] - incom$$

地方政府收入水平(incom)与税收收入(又取决于 gdp 和宏观税负 p)、税收分成和转移支付(q)、基金能力(f,主要取决于土地出让收入)。

$$debt = f[g(gdp, indu, urbn, ps) \times (1-cen) \times (1-mak)] - incom(gdp, p, q, f)$$

1. 支出类因素预测评估。包括经济发展目标(gdp)、工业化(indu)、城镇化(urbn)和公共服务预期(ps)等几个因素。"十三五"时期中国经济发展增速预期总体趋缓,但工业化和城镇化进程还会加速,随着人口老龄化和支出刚性等因素,未来的公共服务预期也会不断增加,这就表明未来的支出因素对地方政府债务的影响是呈上升趋势的。

2. 收入类因素预测评估。包括税收收入(又取决于 gdp 和宏观税负 p)、税收分成和转移支付(q)、基金能力(f,主要取决于土地出让收入)。"十三五"时期随着经济发展增速放缓以及结构性减税政策措施的实施,总体的税收水平会下降,从未来看,政府间收入划分的大格局不会有太大的变化,地方总体能获得的税收份额不会有大变化,因此未来地方税收增长的幅度是有限的。而从基金收入能力来看,在房地产行业的调整和去库存的压力没有有效解决之前,地方的土地出让收入也不会有很好的起色,地方政府从土地出让金等基金收入中获得的收入能力增幅也是有限的。

3. 分担类因素。包括中央政府分担水平(cen)和市场分担水平(mak)。"十三五"时期中国明确了要地方承担的某些事权上收到中央,这能在一定程度上缓解地方政府的支出和债务压力。此外,未来中国更加强调发挥市场机制的作用,强调在公共领域引入市场机制,例如,当前在公共领域大力推行的 PPP 模式就是一种趋势。从分担类因素来看,中央分担水平和市场分担水平的变化是有利于地方缓解政府性债务压力的。但是否真的能发挥作用,以及发挥多大作用,取决于改革政策措施的推进情况,也存在一定的不确定性。

(二) 主要影响因素及预测

地方政府债务受多种因素影响,主要包括:

一是经济增速目标。国内生产总值增速变化是度量经济发展的重要基础性指标。作为最终产品需求的度量指标,它可以反映经济发展的规模和投资需求。德国经济学家瓦格纳法则揭示,当国民收入增长时,社会公众对公共服务的需求以更快的速度增长,财政支出也将以更大的比例增长。据此推测,经济发展的速度越快、规模越大,社会公众公共服务的需求也越大,迫使政府积极努力地扩大公共投资规模以满足社会经济发展的需要。同时,出于政绩考核的需要,各级政府也有冲动扩大公共投资规模,引领经济规模的快速增长和经济结构的调整。"十三五"时期是全面建成小康社会决胜阶段,"十三五"规划必须紧紧围绕实现这个奋斗目标来制定。这是中央对全国"十三五"规划的要求,地方在制定"十三五"规划时也秉承了这一精神。各省的"十三五"规划建议都在目标中明确要"同步全面建成小康社会"。继中央提出"十三五"时期全国6.5%的国内生产总值平均增速以后,各地方政府也提出了增长目标。从目前各省直辖市的"十三五"国民经济与社会发展规划看,所有地区的经济增速预期或目标均超过国家6.5%的预期目标。

二是工业化发展因素。现代经济发展离不开政府、企业和个人的密切合作和共同努力。尤其是经济发展中国家要想快速推进工业的现代化离不开政府的参与。幼稚产业的培育和低端产业向高端产业的升级以及整个产业体系的结构优化都面临巨大的风险,完全依靠市场和企业独自承担需要一个相当漫长和沉重代价的选择过程,而政府的积极参与可以降低单个企业和市场的选择成本,分散风险、加速优化进程,最终实现跨越式发展。二战后,日本、韩国以及很多新兴市场国家的经验充分说明政府在推动产业结构升级中所发挥的积极作用。中国改革开放以来工业化的快速推进也充分证明政府在工业化进程中的巨大作用。"十三五"时期,中央明确提出了"产业迈向中高端水平,农业现代化进展明显,工业化和信息化融合发展水平进一步提高,先进制造业和战略性新兴产业加快发展,新产业新业态不断成长,服务业比重进一步提高"的工业现代化目标。这需要打造良好的发展环境,以公共资本分摊企业成本,可以提高企业资本的利用效率和生产能力；培育幼稚产业发展环境，建立良好的风险分担机制，有助于产业结构的优化升级。例如，产业园区和配套基础设施的建设，生态宜居环境、经济与金融生态建设以及产业工人生活需要的公共基础设施和服务等方面，需要大量投入。然而，大量的政府投资资金如果仅依靠地方政府的财政收入（一般预算的税收与非税收入、政府性基金）是很难满足区域工业化发展的需求，必须依靠外部融资推动。这些融资就构成了政府投融资需求。因此，工业化发展因素既是推动政府公共投资的基本因素。

三是城镇化因素。世界城市化发展有一个共同规律，这就是著名的"纳瑟姆曲线"，它是1979年由美国城市地理学家雷·纳瑟姆（Ray. M. Northam）首先发现并提出的。纳瑟姆曲线表明发达国家的城市化大体上都经历了类似正弦波曲线上升的过程。这个过程包括二个拐点：当城市化水平在30%以下，经济处于发展较为缓慢的准备阶段，经济体尚处于农业社会；当城市化水平超过30%时，第一个拐点出现，代表经济进入发展较为迅猛的高速阶段，经济体进入工业社会；城市化水平继续提高到超过70%之后，出现第二个拐点，经济发展再次趋于平缓，进入成熟阶段，此时，经济体基本实现现代化，进入后工业社会。进入新世纪以来，中国的城镇化发展较快，城镇化率每年以约一个百分点的速度增长，2016年达到57.35%。显然，目前中国的城市化水平正处于这个快速发展阶段。从国际经验看，此阶段的一个突出特征就是基础设施（如市内道路、公交线路、交通干道设施、地下地面各类管道、桥梁、隧道等）、公用事业（如环境卫生、安全；公共旅客运输；自来水、电力、煤气、热力的生产、分配和供应；污水、雨水排放；文化体育场所、娱乐场所、公园；房屋修缮、邮政通信等）和公共服务（基本就业服务、基本养老、基本住房保障、公共卫生、基本医疗保障、义务教育和文化服务等）的需求伴随城镇化进程的推进急剧增长，需要大量的公共投入。但是，政府很难通过自身有限的财力给予解决。未来政府投融资在为地方政府解决建设资金方面依然发挥着巨大的作用。"十三五"时期，中国提出了将城镇化比率提高到60%的目标，由此对地方政府财力也会形成巨大压力，投融资需求也将会增长。

此外，受全球经济"新平庸"和中国对外开放度日渐增大的影响，国际经济环境变化对中国国内经济也会带来较大的影响，政府投融资还要考虑"一带一路"建设及走出去等因素影响。

一些学者或团体对中国新型城镇化发展未来所需资金进行了预测。① 2006年以来，中国科学院、原建设部、中国发展研究基金会、国务院发展研究中心、中国社会科学院和国家开发银行等6家机构测算过城镇化成本，农民工市民化的人均成本从2万元到13万元不等。2030年前中国还有3.9亿农民需要市民化，人均公共成本约13.1万元，仅市民化一项所需公共成本就高达51万亿元。如果加上基础设施建设等成本，所需资金更多。辜胜阻研究认为，未来10年近4亿城镇化人口，以人均10万元的固定资产投资标准计算，能够增加40万亿元的投资需求。石忆邵研究认为，到2030年城镇化建设需投入约56万亿元。迟福林研究认为，未来10年中国城镇化率年均提高1.2个百分点，新增城镇人口将达4亿左右，农民工市民化以人均10万元的固定资产投资计算，需要增加40万亿元的投资需求。据国家开发银行估算，未来3年中国城镇化投融资资金需求量将达25万亿元，平均每年需要8万多亿元投入，约占全年全国近40万亿元固定资产投资额的20%。到2020年前中国需要至少50万亿元人民币的新投资用于城市建设。中国城镇化率每提高1个百分点，需要追加近6万亿元的城镇固定资产投资。预计2020年中国城镇化率将达60%左右，城镇人口大约为8.5亿人，还需要增加约38万亿元左右的城镇固定资产投资。同时，由于目前按城镇人口统计的2亿多农民工及随迁家属未能享受城镇居民的基本公共服务，如果每人按照平均5万元的公共服务费用计算，还需支付10万亿元。这样，中国城镇化建设资金需求总量大约在50万亿元左右，平均每年需要7万多亿元，相当于2012年全国财政收入的60%。

国家新型城镇化规划（2014—2020年）指出，2020年实现常住人口城镇化率达到60%左右，户籍人口城镇化率达到45%左右，使1亿左右农业转移人口和其他常住人口在城镇落户。根据上面权威机构及专家研究的结果，城镇化率每提高1个百分点，需要追加近6万亿元的城镇固定资产投资，城镇化率达到60%左右时，城镇化建设资金需求总量大约在50万亿元，按照保守折中的方法计算，每年至少需投入8万亿元。若2023年城镇化率达到60.40%，城镇化建设资金需投入50万亿元，后续按目前保守的每年投入8万亿元计算，到2030年城镇化率达到70.12%时，至少还要投入56万亿元。也就是说，2015—2030年，中国城镇化建设资金至少需投入105.38万亿元，基本上相当于2022年全国GDP

---

① 资料来源：孙东琪、陈明星、陈玉福、叶尔肯·吾扎提，2015—2030年中国新型城镇化发展及其资金需求预测，《地理学报》2016年第6期。

的总量（105.98万亿元）。

权威机构及专家预测到2030年将有约4亿农民市民化。事实上，在转入城镇的约4亿人口中，并非都是农民，还有一部分是城镇再生产人口。测算的结果是，2015—2030年城镇将增加人口38584.22万人，其中农村转入城镇人口31567.96万人，城镇自身再生产人口7016.26万人。把这两种人口城镇化过程中所需成本按照统一标准对待（实际上国家层面、各省市区甚至各县级行政区都有差别，但追求的城镇化质量目标应该是相同的）。基于此，依据2015—2030年各省市区净增加的城镇人口数量，计算出到2030年全国城镇化率达到70.12%时，各省市区人口变动及新型城镇化建设需要投入的资金（表4）。目前，国家投入城镇化建设的资金非常有限，在全国城市公用设施建设固定资产投资中，2001—2013年，各项投资累计量占总投资累计量的比例为，中央财政拨款占1.71%、地方财政拨款占27.59%、国内银行贷款占34.72%、债券占0.51%、外资占1.69%、自筹资金占28.54%、其他资金占5.24%，2013年全国城市公用设施建设固定资产投资为16349.8亿元。今后十几年是中国新型城镇化发展的黄金时期，政府投融资任重道远。①

表4 2015—2030年中国各省市区人口变化及新型城镇化建设需要的资金

区域	2030年总人口（万人）	2030年城镇人口（万人）	2015—2030年城镇自身再生产人口（万人）	2015—2030年农村转入城镇人口（万人）	2015—2030年城镇增加人口（万人）	2015—2030年新型城镇化建设所需资金（万亿元）	2015—2030年城镇化建设所需资金占全国的比例（%）	2015—2030年GDP累计总量（万亿元）	2015—2030年城镇化所需资金占GDP累计总量的比例（%）
北京	2992.12	2975.96	198.10	923.25	1121.35	3.07	2.91	53.60	5.73
天津	1604.24	1582.42	105.34	446.25	551.59	1.51	1.43	31.50	4.79
河北	7500.32	4838.46	322.09	1477.44	1799.53	4.92	4.67	74.87	6.57
山西	4729.47	3276.10	218.10	1049.87	1267.97	3.46	3.28	35.46	9.76
内蒙古	2524.87	1896.43	126.25	489.20	615.46	1.69	1.60	48.65	3.47
辽宁	4388.53	3337.04	222.15	710.59	932.74	2.56	2.43	72.24	3.54
吉林	2800.62	1736.94	115.63	328.77	444.4	1.22	1.16	34.80	3.51
黑龙江	3760.28	2359.20	157.05	382.82	539.87	1.49	1.41	38.59	3.86

① 资料来源：孙东琪、陈明星、陈玉福、叶尔肯·吾扎提，2015—2030年中国新型城镇化发展及其资金需求预测，《地理学报》2016年第6期。

续表

区域	2030年总人口（万人）	2030年城镇人口（万人）	2015—2030年城镇自身再生产人口（万人）	2015—2030年农村转入城镇人口（万人）	2015—2030年城镇增加人口（万人）	2015—2030年新型城镇化建设所需资金（万亿元）	2015—2030年城镇化建设所需资金占全国的比例（%）	2015—2030年GDP累计总量（万亿元）	2015—2030年城镇化所需资金占GDP累计总量的比例（%）
上海	3011.63	3008.32	200.26	937.24	1137.5	3.1	2.94	63.49	4.88
江苏	8170.34	7363.93	490.22	2209.68	2699.9	7.37	6.99	157.33	4.68
浙江	5946.81	5692.88	378.98	2089.71	2468.69	6.73	6.39	98.13	6.86
安徽	6059.40	3993.14	265.83	1112.78	1378.61	3.77	3.58	50.14	7.52
福建	4068.70	3637.01	242.11	1205.90	1448.01	3.95	3.75	56.57	6.98
江西	4680.76	3015.81	200.76	888.50	1089.26	2.98	2.83	38.10	7.82
山东	9799.01	7315.94	487.03	2079.85	2566.88	7.01	6.65	141.50	4.95
河南	9494.06	5635.67	375.16	1584.68	1959.84	5.36	5.09	83.78	6.40
湖北	5563.67	3781.07	251.72	909.88	1161.6	3.18	3.02	65.31	4.87
湖南	6415.51	4321.49	287.69	1206.37	1494.06	4.09	3.88	66.13	6.18
广东	14470.67	13901.97	925.45	5381.01	6306.46	17.17	16.29	164.42	10.44
广西	4853.91	3053.11	203.24	865.63	1068.87	2.92	2.77	38.92	7.50
海南	1066.60	766.46	51.03	255.15	306.18	0.83	0.79	10.39	7.99
重庆	2690.93	2235.89	148.85	601.95	750.8	2.05	1.95	34.14	6.00
四川	7785.76	4853.64	323.12	1289.88	1613	4.41	4.18	69.93	6.31
贵州	3701.60	1841.92	122.62	509.82	632.44	1.73	1.64	17.81	9.71
云南	5194.26	2842.30	189.22	923.60	1112.82	3.03	2.88	29.69	10.21
西藏	366.95	117.50	7.83	35.93	43.76	0.12	0.11	1.98	6.06
陕西	3844.83	2569.50	171.06	737.61	908.67	2.48	2.35	42.88	5.78
甘肃	2709.57	1310.89	87.27	368.20	455.47	1.24	1.18	16.16	7.67
青海	649.93	363.44	24.20	99.82	124.02	0.34	0.32	5.44	6.25
宁夏	783.91	496.53	33.05	156.82	189.87	0.52	0.49	7.26	7.16
新疆	2896.73	1275.14	84.88	309.75	394.63	1.08	1.02	21.44	5.04
全国	144526.00	101341.63	7016.26	31567.96	38584.22	105.38	100.00	1649.21	6.39

资料来源：孙东琪，陈明星，陈玉福，叶尔肯·吾扎提，2015—2030年中国新型城镇化发展及其资金需求预测，《地理学报》2016年第6期。

四、用治理的思维化解地方政府债务风险

针对中国未来的地方政府债务压力,应坚持多管齐下,采取综合治理,完善地方政府债务管理。

(一) 加快政府职能转变,进一步明确政府与市场边界

市场机制利用人的自利性实现资源的优化配置,这是市场机制成功的重要原因。但也恰恰是这种动力机制的狭隘性,在外部环境的不完善条件下(信息缺失和不对称),导致市场失灵,成为政府干预经济的重要理由。政府固然可以通过政治、法律手段建立市场博弈的秩序,削弱市场经济中的集体非理性问题,但是这种能力同样受到外部环境和自身能力的约束而表现出有限性,而且一旦获得权力,其功能就可能发生异化。政府治理经济的代价可能超出其所带来的利益。现实的世界中,我们既不能克服人性的缺陷和构建完善的市场环境,也不能使政府臻于完美。因此,经济始终交织在市场与政府的动态博弈之中,彼此制衡,任何一方的过度倾轧都会导致经济运行的整体失衡。必须各守其道、各尽其职,才能保证经济的协调运转。因此,明确政府与市场的边界尤为重要。目前,中国地方政府职能存在明显的"越位、错位、缺位":

1. 政府职能的"越位"表现在政府职能与市场功能不分,政府组织与企业组织、社会中介组织的职能定位不清和执守不严。地方政府不但承担着日益繁重的公共事务,而且还需要力保辖区经济发展。本应可以通过或者借用市场机制完成的资源配置,政府却深度干预,做了不该做的和管了不该管的事,举债任事、事倍功半;2. 政府职能"错位",各级政府之间的职能定位存在交叉混合,事权分配不合理,地方政府承担了与其财力不相匹配的过多事务,造成地方政府负债履责;3. 政府职能"缺位",本来应当由政府生产和提供的公共产品和服务,政府却没有充分尽职尽责,甚至在某些领域出现了"真空"。因此,要在整体上合理鉴定政府与市场边界的基础上,把政府由"全能型"转为"服务型",进一步"简政放权于市场",将政府有限的能力放到其应尽和可尽职责上,做到有所为而有所不为。同时,进一步优化各级政府之间财力与事权的组合,保证地方政府事权与财力的合理匹配,根除地方政府过度盲目举债的内在压力和冲动。在此基础上,在官员政绩考核机制方面要明确其在职期间的"社会经济成效—政绩运

作成本—债务风险水平"的联动考核标准,强化其离任审计,增强其预算约束感。

(二) 降低民间资本进入基础设施和公共事业领域投资的门槛

依据近年来地方政府债务审计结果,我们可以看到中国地方政府债务资金主要是用于市政建设、交通运输、土地收储整理、科教文卫及保障性住房、农林水利建设等基础设施项目,其支出比例很高。这些领域很多公共项目具有很强的可经营性或可销售性,例如,交通运输、市政建设等公共投资领域的可经营指数都相对较高,可以引入民营资本。世界银行的研究表明,政府公共投资领域的私人介入以及可能竞争程度要比人们通常想象的更广、更激烈,可以尝试通过PPP模式融资共建。利用私人资本筹建公用事业在世界范围内已经普遍存在,而且有很多成功的案例,在中国也不乏成功先例。如果我们能够降低民间资本进入公共基础设施领域的投资门槛,可以有效缓解地方政府债务风险压力,实现基础设施投资主体的多元化,完善政府投融资机制。因此要降低审批和准入门槛,为民间资本投资大开绿灯。建议做到:1.对各类投资主体同等对待,不得对民间资本单独设置附加条件,构建对所有企业一视同仁的投资管理平台。2.打破中国城市公用事业长期采用区域性垂直一体化管理,地方公用事业管理部门所属企业的行业垄断特征,准许民营资本进入。3.鼓励民间资本以独资、参股等方式进入交通基础建设、保障房建设产业园区建设等重点领域。4.民间资本进入这些领域时,要在政策导向上给予明确支持和提出具体的实施办法,作为相关部门的审批依据。简化审批环节,同时在价格政策上,允许民间资本在一定程度上享受更灵活定价权。5.从财政、金融、土地等多各领域给予公用事业投资企业相应的优惠政策与支持,以确保经营企业的盈利能力,提高企业投资公用事业的积极性。

(三) 加强政府公共投资的阳光决策

政府信息公开是中国未来改革的重点内容之一。加快政府公共投资和债务的信息公开步伐,保障和落实公众知情权、参与权、表达权、监督权得到更多保障,减少政府机关公开政府信息自由裁量空间、提升政府管理透明度。特别是要以财政性资金和社会公共资金为重点,着力提高政府资金公开透明度。让民众和社会来监督地方政府的公共投资行为和政府性债务。积极稳妥地推进财政预算信息公开。根据《预算法》,以政府预算、部门预算、预算执行、财政转移支付等内容为重点,分步骤、分层次、分内容不断提高财政预算的公开性和透明度。加大财政专项资金的公开力度。全面梳理各类财政专项资金情况，以用于改善民生和促进发展的专项资金为重点，明确公开要求，逐年扩大财政专项资金的公开范围。加大政府非税收入公开力度。建立完善定期发布机制，公开地方政府债务筹集资金安排的项目、实施进度和资金使用情况，公开国有土地使用权出让金等拍卖收入和使用、监督情况。推动行政事业性收费公开透明。健全收费公示、持证收费等制度，确保收费透明。优化行政事业性收费发布平台，完善行政事业性收费目录，公开收费项目、收费标准、收费主体、收费依据、收费范围、收费对象、收费情况等，接受社会公众监督。增强政府投资项目和重大建设项目透明度。把公开透明的要求贯穿于投资项目管理、运营的全过程。建立健全重大建设项目公开制度，及时公布年度重大建设项目计划及其实施进展情况。公开年度市政府实事项目的进展情况。进一步提高建设项目招投标透明度。进一步加大国有土地"招拍挂"相关信息的公开力度。分步骤、分层次、分内容建立地方政府债务管理制度，建立各级政府之间债务信息网络化建设，实行地方政府债务年度余额管理，设立警戒指标，实时监督债务动态，对于过度举债政府实施责罚，限制举债。

（四）构建以财政为枢纽的政府投融资预算约束机制

以财政为枢纽的地方政府投融资预算约束机制要求在公共领域内，财政应该代表政府实行科学理财的观念。其中，包括：（1）财政集中管理政府所有公共收入，其中包括税收收入、非税收入和公债融资，即实现预算的完整性和统一性。因为只有这样，才能有助于规范政府公共收入秩序和融资行为，才能集中政府财源、提高财政能力、增强政府财政的回旋余地，体现集中力量办大事的原则；（2）在政府投融资管理方面，在公共财政原则下，不仅各政府公共部门和公共企业的融资行为和资金管理均由财政统一管理和监管，而且债务资金的投向和投资方式也均纳入公共财政的统筹之中。这样，才能较为充分地提高政府对社会公共服务的财政保障能力，才能有效实现政府投资需求和融资管理的均衡匹配，有效地防范和杜绝债务风险。为此，财政部门应根据政府投资计划编制财政融资的预、决算，加强对政府性债务借、用、还全过程的管理和监督。

（五）构建地方政府投融资特别是政府性债务预算管理机制

加强对地方政府投融资特别是政府性债务预算管理是控制地方政府投融资盲目扩展和防范债务危机的主要措施。国务院《关于加强地方政府融资平台公司管理有关问题的通知》也曾明确提出，要把地方政府债务收支纳入预算管理，以逐步形成管理规范、运行高效的地方政府举债融资机制。鉴于中国地方政府债务大多数通过融资平台公司举借，因此在构建地方政府债务预算制度时可以考虑将经过规范重组认定的地方政府融资平台也作为法定预算单位纳入预算管理监控。这一方面能够使债务预算范围进行"全覆盖"，另一方面有利于规范整合地方政府融资平台，为构建规范、高效的地方政府举债融资机制奠定预算管理基础。必要时将地方政府债务管理纳入国家债务管理范畴，设立全国性的政府性债务管理专门机构。在强化地方政府债务管理的过程中，要从全局的角度考虑问题。地方政府债务管理不仅仅是地方政府本身的问题，要纳入国家整体政府性债务机制建设、债务风险分担体制机制建设和政策规范体系，为逐步构建规范有序的政府债务管理体系奠定良好的基础。从国外情况来看，一些国家设立了全国性的政府债务管理专门机构，负责对国家债务（包括中央政府债务和地方政府债务）的监督、管理和内部协调，并作为地方政府债务管理的职能部门。如澳大利亚的借款委员会对中央政府借款和各级地方政府借款进行协调管理。法国在经济和财政部的国库司设立了"债务管理中心"，负责对各级政府的资产和负债情况进行日常监督和管理，确保各级政府债务能够及时偿还并履行对欧盟承担的义务。该中心设立在执行监督公共收支和具有协商制定货币政策职能的国库司，也有利于国家制定综合的政府债务管理政策和财政风险防范措施，促进财政政策与货币政策的相互配合。从中国的情况来看，设立全国性的政府性债务管理专门机构，负责包括地方政府债务在内的所有政府性债务的监督、管理和内部协调，很具有必要性，有利于解决目前地方政府债务的混乱问题，整体上化解政府性债务风险。

（六）构建政府投融资合理空间的评估体系

有效的政府投融资风险预警和防范机制不仅体现在事后监控，而且要注重把握事前监管。在目前的行政管理体制框架下，构建政府投融资合理空间的评估体系是可行的、必要的。所谓合理的融资空间大体来说就是基于当地的社会经济发展情况（如城市化、工业化水平，人口规模，GDP，财政收支规模与结构、公共资源的禀赋及其合理利用状况等）和地方政府负债状况、偿债准备情况、信誉水平等因素，经过量化分析评估后给出一个在未来年度当地政府为开工新项目进行再融资的合理规模。科学合理的融资空间评估机制能够指导和约束地方政府的再融资行为，在一定程度上能够克服目前存在的"新官不理旧账"问题，有助于实现地方政府融资行为的可持续发展。未来是全面建设小康社会的关键时期，为深化改革开放，为满足不断增长的公共服务需求，政府部门需要密集出台大量的支持政策和措施，实施这些政策措施通常代表着一定的财政支出，需要相应的财力保障。为让有限的政府财力发挥最明显的经济社会效果，同时保证财政可持续性运转，不仅要明确重大政策导向，根据各项政策措施的轻重缓急进行适宜安排，而且要考虑公共资源和政府财政资源的承载能力。因此，应建立针对各项政策或改革措施的财政风险评估制度，把财政风险作为一项约束条件纳入政府决策分析环节，综合权衡各项政策措施的可行性。推行地方政府债务融资合理空间与财政风险评估制度，主要体现在以下方面：量化各项政策措施在未来不同时期的财政成本和财政压力，预测可能产生的财政风险；对财政风险评估情况进行汇总，纳入政府的中长期预算之中，量力而行地实施各项政策或改革措施；控制赤字和债务的增长速度，并使之尽可能低于经济增长率，以防止财政风险的产生和扩散。这样，才可以防范因盲目性而带来的过度负债，实现对财政成本的总量控制、对财政风险的整体约束，也为各项政策措施的持续实施提供一个清晰的预算保障，强化政府政策或改革措施的科学性、可行性和连续性，减少决策失误。

（七）加快改革政府会计制度，提高财政透明度

传统的政府会计和预算制度主要集中于单个财政年度的现金支出和现金收入、常规意义上所定义的债务存量，对各种不确定性因素以及由此带来的风险和损失没有做出充分的估计，容易低估财政风险的真实状况，导致盲目乐观。实际上，目前实行的按照现金会计标准防控财政风险的做法只是鼓励政府消减现金支出，而不是承担未来年度所暗含的不确定性成本，这可能导致政府产生隐藏风险、推卸财政责任的负面激励，无法建立面向未来的风险防控机制。因此，对政府财政运行状况的确认、计量、报告，尤其是在政府债务确认、计量和报告方面，必须采取谨慎原则，促进政府会计制度改革不断推进，尽快用现代的权责发生制会计标准代替现金会计标准，编制政府资产负债表和年度财务报告。对政府收支状况、赤字状况和债务状况等方面可以更全面、更详细、更及时地向社会公众披露，减少信息不对称带来的误解和不信任。借鉴 IMF 和欧盟披露财政风险的规则，建立中国的政府性债务风险披露机制，公布中国政府性债务风险的来源，尤其对政府或有债务，应尽可能全面披露，同时，不断提高政府各种救助承诺的透明度，减少道德风险。另外，随着中国政府投融资规模不断增加，越来越多的地方政府开始接受信用评级机构的评测，未来债券投资者也会要求更全面的财政

运行状况信息,评级机构、社会公众等社会力量的介入对地方政府行为能够发挥直接约束作用,应鼓励更多社会力量参与对政府性债务风险的监督活动。

参考文献

[1] International Monetary Fund, *Government Finance Statistics Manual*, 2001.

[2] International Monetary Fund, Addressing Fiscal Challenges to Reduce Economic Risks, *Fiscal Monitor*, September 2011.

[3] International Monetary Fund, Public Sector Debt Statistics: Guide for Compilers and Users, ISBN 978-1-61635-156-4, Washington, D. C., 2011.

[4] 刘尚希."财政风险:一个分析框架",《经济研究》2003年第5期.

[5] 财政部财政科学研究所课题组."十二五"时期我国地方政府性债务压力测试研究[J].经济研究参考,2012(8).

[6] 孙东琪,陈明星,陈玉福,叶尔肯·吾扎提.2015—2030年中国新型城镇化发展及其资金需求预测[J].地理学报,2016(6).

[7] 陈彬.《我国人口老龄化趋势及其影响》,国家信息中心官网.

日本的财政现状与央行的关系

[日] 小黑一正

安倍经济学的战略之一，就是通过经济增长实现税收增加，进而实现财政重建及经济复苏。但是，2016年财年决算中，国家税收（55.5万亿日元）比当初预计减少2.1万亿日元，且比上一财年减少0.8万亿日元，时隔7年出现税收下降。这或许说明了日本经济正在走向下滑。

在这样一个背景下，前段时间（2017年7月18日），内阁府发布了《关于中长期经济财政试算》（以下简称《中长期试算》）的修订版。该试算表明，即便到2020年实际GDP实现2%以上的增长率即经济达到高增长情况（增长战略估算），且2019年如期提高了消费税，2020财年地方和国家基础财政收支（FB）加起来仍有8.2万亿日元的赤字，无法实现政府希望达到的到2020年实现FB黑字的目标。再加上因消费税提高而增加的税收的用途改变，用于育儿支援及教育无偿化的将会预算增加，那么达成2020财年FB目标就更加困难。

在中长期试算中，提出了"增长战略估算"和"保守估算"两种成长方案。在经济高速增长的"增长战略估算"下设定的"全生产要素率"（TFP）原本就是过于乐观且不切实际的。2016财年的TFP仅0.6%，而中长期试算提出的到2020年达到2.2%的目标，这个数字是日本经济在陷入通缩之前的1983—1993年TFP的平均值，大致接近泡沫经济时期的TFP值。即便2002—2015财年实际GDP平均增长率只有0.8%，但以当时的TFP值作为参照，在增长战略估算中，

作者简介：[日] 小黑一正，日本法政大学教授。

仍然将GDP增长率到2020年达到2%作为发展目标。

我们必须彻底摆脱这种过于乐观且不切实际的目标，直面"财政的现实"。在中长期试算中，"保守估算"下的实际GDP增长率为0.7%（名义增长率为1.2%左右），在这种情况下预计2025财年的财政赤字（占GDP比）为4%左右，但是如果上调消费税延期的话，赤字应该会扩大到5%。在这种情况下，用多马命题计算的结果，最终公债余额（占GDP比）将会超过400%。在日本，因出生率下降、老龄化问题严重，导致社会保障费用剧增，财政赤字已成常态。在这一背景之下，日本财政高达GDP两倍以上的负债使得日本经济情况极其严峻，但是，这种情况还有进一步恶化的趋势。

正如"财政民主主义"所表示的那样，财政是"政治的镜子"，在民主主义国家，国民有选择财政决策的权利，国民的确是想通过财政政策将财政规律引回到正确的轨道，但国民对财政可持续性的危机感较弱。

国民对财政可持续性鲜有危机感的原因之一，可能与日本央行实行"暴走式"货币政策，大量买入国债，将长期利率控制在较低水平所带来的影响有关。这样的政策将国债的利率控制在1%左右（已发行国债的加权平均利率），于是将大约1000万亿日元的政府债务的利息控制在了10万亿日元左右。

在这样一个背景下，有人认为"只要日本央行将国债全部买断，那么就可以在国民不用负担任何国债的情况下完成财政重建。"但是，经济学里面有一条重要的法则，即"天下没有免费的午餐"，这样看来，上面的想法是错误的。即使央行将国债全部买断，财政也无法重建。深刻理解这一事实是我们讨论财政与央行关系时的前提，下面来解释一下我这么说的原因。

第一个原因，货币政策即资产的"等价交换"，日本央行用来买国债的钱正是我们平常存到银行里的钱。下面举一个简单的例子，方便理解这一点。

在现实经济中有居民、企业、银行等不同的经济部门的存在，我们假定除了政府部门和央行之外，只有一家民间银行存在。

最初，政府部门、央行、民间银行的资产负债表如表1所示。（注：为求简略，省去了央行所保有的国债以外的资产及自有资本，以及民间银行的自有资本。）

表1　　　　　　　　　　　政府部门

资产		负债	
国库款	50	国债	800

续表

央行

资产		负债	
国债	400	现金	100
		国库款	50
		准备金	250

民间银行

资产		负债	
准备金	250	存款	1600
国债	400		
放贷	950		

表1中,央行的资产负债表的负债一栏中的"现金"指的是在市场上流通的日本银行债券余额,"准备金"指的是商业银行存在央行里的钱(日本银行活期存款)。

这时,在当前货币政策下央行开始购买国债,我们现在假设央行从民间银行那里购买了100的国债。这个政策是"国债与准备金等价交换"的手段,央行从民间银行那里买了100国债的话,民间银行存在央行的活期存款就增加100。体现在资产负债表上,即央行表中负债一栏的国债增加100,准备金增加100,与之相对,民间银行的表中资产一栏的准备金增加100,国债减少100。于是,政府部门、央行、民间银行的资产负债表如表2所示。

表2　　　　　　　　　　**政府部门**

资产		负债	
国库款	50	国债	800

央行

资产		负债	
国债	500	现金	100
		国库款	50
		准备金	350

续表

民间银行

资产		负债	
准备金	350	存款	1600
国债	300		
放贷	950		

表2说明了什么呢？首先，我们来看民间银行的资产负债表。表的资产一栏分别写着准备金350、国债300、放贷950，这些金额加起来支撑着负债一栏1600的存款。也就是说，负债一栏中存款的一部分（350）是由资金一栏中的350准备金支撑的。下面，我们来看央行的资产负债表，表中负债一栏里分别是现金100（即市场上流通的日本银行债券）、国库款50、准备金350，加起来等于资产一栏的500国债。也就是说，负债一栏的350准备金支撑着资产一栏中国债的一部分即350。

这样一来，民间银行资产负债表中资产一栏中存款的一部分（350），通过资产一栏的准备金350，间接支撑着央行资产负债表中资产一栏国债的一部分350。更进一步地说，日本央行资产负债表中资产一栏占大多数的"国债"其实是"央行对财务省的债权"，负债一栏中占大多数的"准备金"其实是"民间银行对央行的债权"。从这样的债权关系来看，虽说央行持有的国债与准备金在一般情况下无法相互抵消，但是如果出现表2这样的情况，即从谋求财政重建的角度出发，假设央行所持有国债的一部分（350）与准备金（350）相互抵消的话，其实际效果就等同于政府部门对这350准备金实行了100%课税的政策，最终我们存在民间银行的存款的一部分（350）就消失了。

可是，还有一个事实非常重要，政府用来发行国债的原始资金基本都来源于存款，货币政策并不会使得这些原始资金增加。这一点，我们把央行和民间银行的资产负债表合并起来看就很容易理解。首先，我们将表2中央行的资产负债表与民间银行的资产负债表画在一个表里，将资产一栏及负债一栏中的准备金相互抵消，得到表3。在这个合并的资产负债表里，负债一栏中的现金100（即市场上流通的日本银行债券）、国库金50、以及我们国民的存款1600，支撑着政府发行的国债余额800及给企业等的贷款950。

另外，如果我们将表1中央行和民间银行的资产负债表合并，将资产一栏及负债一栏中的准备金相互抵消，所得到的结果与表3一模一样。这一事实说明，政府用来发行国债的原始资金基本都来源于存款，货币政策并不会使得这些原始资金增加。

表3　　　　　　　　　　政府部门

资产		负债	
国库款	50	国债	800

央行 + 民间银行

资产		负债	
国债	800	现金	100
放贷	950	国库款	50
		存款	1600

第二个原因，在利率正常的情况下，结合市场利率，将"超额准备金"的附息控制在合理的水平的话，将政府部门与央行合并起来即以合并政府为单位来看，实际效果相当于实行了存款课税。另外，如果将"超额准备金"的附息提高到合理水平，以合并政府为单位来看，"超额准备金"实际上相当于发行国债（发行短期国债）。下面来解释一下其具体含义。

首先，为了加深对上面这段话的理解，将表1和表2两种情况下的政府部门和央行作为合并政府这个整体来考察其资产负债表。将合并政府（政府部门 + 央行）的资产负债表的资产一栏和负债一栏里的国库款与国债相抵消，得到表4。

表4　　　　　　　　政府部门 + 央行（表1的情况）

资产		负债	
		现金	100
		国债	400
		准备金	250

民间银行（表1的情况）

资产		负债	
准备金	250	存款	1600
国债	400		
放贷	950		

续表

政府部门 + 央行（表 2 的情况）

资产	负债	
	现金	100
	国债	300
	准备金	350

民间银行（表 2 的情况）

资产		负债	
准备金	350	存款	1600
国债	300		
放贷	950		

从表 4 中我们可以读到两点重要信息。第一点，表 4 的（1）和（2）的两种情况中，合并政府（政府部门 + 央行）资产负债表中负债一栏的"国债"与"准备金"之和 650，与民间银行资产负债表中资产一栏的"国债"与"准备金"之和 650 一致。也就是说，合并政府的资产是由民间银行资产负债表中负债一栏的 1600 存款提供的。

第二点，合并政府（政府部门 + 央行）资产负债表中负债一栏的"现金""国债""准备金"中，现金的利率成本为"0"、国债的利率成本为"长期利率（例如：10 年国债的利率）"、准备金的利率成本为"附息"。

在通货紧缩的情况下名义利率基本为 0，国债的利率成本（等于长期利率）、准备金的利率成本（附息）也基本为 0，因此表 4 中的情况（1）和情况（2）中，合并政府（政府部门 + 央行）的负债成本基本是相同的。

如果国债的利率成本（长期利率）与准备金的利率成本（附息）相差很大的话，表 4 中的情况（1）和情况（2）中合并政府（政府部门 + 央行）的负债成本就会相差很大。例如，如果附息维持在一个比长期利率低很多的状态的话，那么情况（2）的合并政府（政府部门 + 央行）的负债成本就会比情况（1）低很多，大大减轻了债负。

那么，在利率正常化的情况下，附息维持在一个比长期利率低很多的状态的话，会发生什么呢？以合并政府（政府部门 + 央行）为单位来看的话，这种情况就相当于存款收税了。另一种情况，如果利率正常化，将附息提高到适当的水平，那么超额准备金的附息就与短期国债的收益率及活期贷款利率等"短期利率"维持相同水平。以合并政府（政府部门 + 央行）为单位来看的话，"超额准备金"实际上相当于发行了国债（发行短期国债）。

也就是说，认为"只要日本央行将国债全部买断，那么就可以在国民不用负担任何国债的情况下完成财政重建"的主张是错误的，要想维持财政的可持续性，必须稳健地推行财政重建。

值得注意的是，日本央行根据现行货币政策，大力买进国债，央行自身也面临着诸多潜在的风险。其中一个代表性的事例就是，摆脱通缩之后，在退出现行货币政策时所要面临的损失风险。央行在2017年下旬的金融政策决策会议中，推迟达成2%通胀目标的时间点，由之前的"2018财年左右"推迟到"2019财年左右"，这是日本央行自2015年4月以来，第六次推迟实现该目标的时间点。由此我们可以判断，摆脱通缩对现在的日本来说还是非常困难的，可能还需要很长一段时间。但是，即便达成了2%的通胀目标，央行也很有可能因"贴现率高于普通银行"而陷入超额负债的困境。

央行是否会陷入因"贴现率高于普通银行"造成的超额负债的困境取决于摆脱通缩之后央行的利率上涨速度。下面我们来进行一个简单的推算。

首先，如图1所示，日本央行营运资金的收益率持续走低，合计营运总资产的收益率约0.3%（长期国债为0.381%）。2017年10月6日的资产负债表中，约500万亿日元的资产中有约400万亿日元是国债。因为国债属债券的一种，其收益率是固定的，所以即便因摆脱通缩利率逐渐正常化，从而给市场利率以上升的压力，央行营运资金的收益率也不会立即上涨。

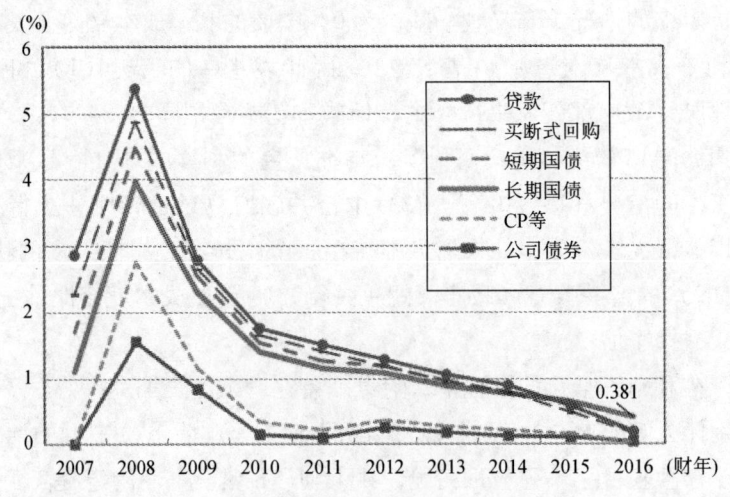

图1　日本央行主要营运资金的收益率

来源：日本银行。

另一方面，如果摆脱了通货紧缩，达成了 2% 的通胀目标，为了抑制物价进一步上涨，央行有必要提高利率。如何提高利率，央行有两个方法。

第一个方法，央行卖掉所持国债，诱导利率上涨。如果卖掉国债，那么民间银行就需要上缴央行同等金额的超额准备金，这样一来，央行的资产负债表就可以收缩。但是，利率上涨使得国债的价格被迫降低，在这样一个时期卖掉国债的话，央行很可能会蒙受资本损失。并且，日本财政有着 1000 万亿日元的巨额债务，也将面临由于利率上涨导致需要支付的利息费用激增的风险。

第二个方法，央行提高超额准备金的附息，以此诱导利率上涨。由于超额准备金的附息与短期国债的收益率及活期贷款利率等"短期利率"处于相同水平，一旦上调附息，那么短期利率也会面临上涨的压力。

使用这种方法的话，由于利率上涨导致国债价格下跌，央行同样有蒙受资本损失的可能，但是日本央行使用的会计准则是"摊余成本法（在国债还款到期日之前将损失每年平均摊销的会计处理方式），央行只要在国债到期之前一直持有国债，就不会有资本损失。

也就是说，央行贴现率高于普通银行的时候，才会造成损失。当占负债大部分的超额准备金的附息超过占央行营运资金大部分的国债收益率的时候，央行才会遭受明显的损失。

例如，我们假设日本央行的资产为 400 万亿日元的国债，其营运收益率为 0.4%，央行负债为 100 万亿日元的银行债券，另外，超额准备金为 300 万亿日元，含附息在内的负债成本为 0.1%。这时，从营运资金里可以收取 1 万 6 千亿日元（400 万亿日元 ×0.4%）的利息，除去支付负债成本的 3 千亿日元（300 万亿日元 ×0.1%），还有 1 万 3 千亿日元的净利润。除去法人税等税收之后的最终利润的 95% 原则上要上缴国库，这些金额会计入国家年收入。

但是，如果为了控制物价上涨而上调了附息的话会怎样呢？物价上涨率在 $\Delta 0.5\%$—1% 范围之内的话，附息为 0.1%，按照这个比例计算，物价上涨率在 2%—3% 的话，应该要把附息上调至 1.1%—3.6%。

这时，国债的收益率暂时在 0.4% 左右，营运资金的利息收入约为 1 万 6 千亿日元，但是此时负债成本增加到了 3 万 3 千亿日元—10 万 8 千亿日元（300 万亿日元 ×1.1%—3.6%），这时中央银行的贴现率就会高于普通银行的贴现率，央行会损失 1 万 7 千亿日元—9 万 2 千亿日元。如果这种金额的亏损持续数年的话，央行就会陷入超额债务的困境。

Stella（1997，2002）等曾指出，在国外，中央银行陷入超额债务的事例有过几次。例如,委内瑞拉中央银行（20 世纪 80 年代—90 年代）、牙买加银行（20 世纪 80 年代—90 年代中期）、旧菲律宾中央银行等就曾陷入超额债务的困境,陷入这种困境之后,央行无法达成物价稳定的目标,这些国家发生了严重的通货膨胀。

当然,也有相反的情况。捷克中央银行曾在一段时期内（20 世纪 90 年代—2015 年）也遭遇过超额债务的困境,但是并没有引发明显的问题。所以说,我们现在也不能断定,如果日本央行在一段时期内陷入超额负债就一定会引发严重的问题。并且,处理超额债务会给国民造成负担,从这个层面出发,根据损失填补的规模与方法的不同,财政当局及政治力量的介入会加强,他们有可能提出与央行所要达成的物价稳定目标不一致的条件,那么这时,有可能由财政当局来填补这个损失,央行自然也就解除了超额负债的危机。

无论如何,我们在将政府与央行作为一个整体来考虑时,要注意到即便央行持有国债,综合债务的负债成本是基本不变的,这一点十分重要。现在由于利率几乎为 0,故负债成本不明显,但是摆脱通缩之后,如果物价不上涨几倍,央行资产负债表中负债一栏里的现金和准备金是不可能维持现状的,这时,就需要央行减少其持有的国债以收缩资产负债表,或是提高准备金的附息以维持资产负债表的平衡。

到那时,目前这种零成本的财政赤字政策便会无法维持,巨额债务的成本会再次显现,因此,我们在考虑货币政策的出路和所能达到的极限的时候,有必要充分地考虑这种暴走式货币宽松政策的风险及将来所要面临的成本。

论积极财政政策的转型
——基于公共风险与财政风险的权衡

武靖州

一、引　言

为应对 2008 年美国金融危机的冲击，世界主要经济体都采取了扩张性财政政策，导致各国政府债务水平持续攀升，世界主要经济体财政状况都不容乐观，部分经济体财政政策已达效果极限（刘明康，2013）。扩张性财政政策一定程度上减缓了金融危机的冲击，也给各国财政运行带来了诸多风险，公共债务问题成为全球经济不稳定新的风险源。

继 1998 年为应对东南亚金融危机采取扩张性财政政策后，为应对 2008 年美国金融危机，中国又实施了新一轮扩张性财政政策，虽然减缓了经济下行的速度，也使得政府债务尤其是地方政府债务水平迅速提高。截至 2016 年末，中国政府债务占 GDP 的比重已达 46.2%，地方政府债务问题成为影响中国经济运行的主要风险之一。经济下行条件下，公共风险随之上升，多年扩张性财政政策带来的财政风险问题也日益突出，公共风险与财政风险之间相互转化与叠加，更强化了经济运行的不确定性。中国财政科学研究院调研组（2016）的调研报告就表明，财政风险与公共风险双升是当前中国地方财政经济运行的突出特征：一方

作者简介：武靖州，中国财政科学研究院宏观经济研究中心副研究员。

面，经济领域、社会领域、结构性改革本身的各类公共风险因素有增无减，并不断向财政风险传导；另一方面，致力于防范、化解乃至最终兜底公共风险的公共财政本身的风险也在累积；风险双升使得宏观经济政策的效果在弱化。

关于扩张性财政政策的效果，学术界存在争议。古典经济学和新古典经济学认为，由于财政政策具有挤出效应，市场主体理性预期有限，税收与举债支出在一定条件效果相同，利用财政政策调节经济是无效甚至有害的。凯恩斯主义基于菲利普斯曲线、价格刚性等假设，认为财政支出具有乘数效应，是有效调节宏观经济运行的重要工具。现代主流财政理论中，财政政策被赋予了弥补市场失灵、促进经济增长、实现充分就业、维护社会稳定的重大使命。出于对经济危机、社会动荡的恐惧，以凯恩斯主义为圭臬，各个国家普遍运用财政手段承担起各种各样的社会责任。自"大萧条"以来西方国家没有再发生类似强度的经济危机，无孔不入的"全能政府"确实起到了重要的防范和化解作用。但另一方面，一些学者也注意到，用财政扩张来防范危机，不过是把分散的经济与社会危机，集中到了政府身上。美国经济学家詹姆斯·奥康纳（1973）就提出，尽管政府职能的扩张一定程度上弱化了经济危机，降低了社会风险，但没有也不可能消灭经济危机；虽然表面上看破坏性危机离人们越来越远，但政府却陷入了越来越严重的"财政危机"或债务危机。法兰克福学派代表人物沃尔夫冈·施特雷克（2012）也认为，西方国家每一次为遏制危机蔓延、防止危机发生的措施，都预留了下次危机的种子；扩张性财政政策"不过是用放大镜让蛋糕看起来更大，是在购买时间"。

中国共产党第十八届三中全会提出了"财政是国家治理的基础和支柱"的论断，赋予了财政促进国家长治久安的重大使命。显然，国家治理现代化必然是可持续的现代化。要实现国家治理体系与治理能力的现代化，财政需要发挥更重要的作用，财政理论自然也需要在传统基础上有所突破，以促进财政政策在化解风险及应对不确定性方面发挥重要作用，同时防止利用财政政策追求短期利益，简单化地拖延而不是解决问题。近年来，以刘尚希为代表的部分学者，从公共风险的视角研究财政理论与财政改革，认为中国的每一项财政改革，甚至每一项公共支出，都是为了防范公共风险，"公共风险"是引导财政改革的"看不见的手"（刘尚希，2010）；但另一方面，基于确定性思维制定财政政策，往往把经济社会风险转化为财政风险，财政风险的扩大，又反过来影响经济社会的稳定与发展，成为经济社会风险的新来源，反而扩大了公共风险（刘尚希，2015），财政政策防范风险的目标取向在现实中却起到了转移或拖延风险的作用。2017年中国《政府工作报告》中提出，财政政策要更加积极有效：在赤字率保持不变的情况下，进一步减税降费；财政预算安排要突出重点，压缩非重点支出。一方面，管控政府债务与降杠杆条件下，以扩大财政支出为特征的扩张性财政政策不再可取，另一方面又要实施积极财政政策，化解经济新常态下诸多经济社会风险。这就意味着，积极财政政策要转型，而如何转型，向什么方向转型，则应取决于公共风险的演化。

二、公共风险、扩张性财政政策与财政风险

（一）政府是公共风险的最终承担者

公共风险属于社会学的范畴。德国社会学家乌尔利希·贝克（1986）和英国社会学家安东尼·吉登斯（1990）系统研究了现代社会所面临的风险，形成了经典的"风险社会"理论。中国的经济社会变革是在改革开放后短短的几十年间实现的，传统自然经济与社会结构的崩解，工业化、城镇化、信息化的快速推进，使得中国"风险社会"的特征更加明显，引起了中国学者对公共风险问题的高度关注。国外学者多从法律、社会的视角定义公共风险，并把它与公共安全相对应，Peter Huber（1985）就认为，公共风险是威胁到人类的健康和安全，且单个风险承担者难以控制的风险。刘尚希（1999）从经济学的视角对公共风险进行了研究，认为公共风险是指因某项活动未来结果的不确定性对群体（或社会）产生不利影响，依靠个人和企业无法承担而只能由政府承担的风险。这两个代表性定义都表明，公共风险是超出个体承担能力之外的，应当或必须由政府来承担的风险。事实上，政府不仅承担着带有公共性的风险，一些私人风险在超出个人承担能力后，出于道义或防范私人风险转化为公共风险的需要，最终也要由政府承担，即政府对所有的私人风险都承担着"兜底"责任。

（二）公共财政是政府应对公共风险的基础

政府应对公共风险的手段有很多。一是法律手段，即政府通过立法禁止或允许个体的行为，把私人风险约束在可控范围内；二是行政手段，即政府通过制度或政策安排，约束或激励个体，使个体按照风险最小化的目标行动；三是市场手段，即政府通过设计市场交易框架，对私人风险进行再分配，以达到均衡、化解风险的目标。但无论采取什么手段，政府都要通过财政收支的安排来实现。

（三）扩张性财政政策是应对经济与金融危机的必要手段

2008年以来各国财政支出的扩张，主要是用于应对金融危机所引发的经济

社会风险。向前回溯,各国财政支出的大幅扩张,基本都是在经济衰退或萧条期发生的。国际经验就表明,在经济繁荣时期,政府的债务水平往往是下降的,公共债务爆发式的增长一般是在经济衰退时期,就是因为经济繁荣时期是公共风险消散并积聚的时期,经济衰退期才是公共风险爆发和消退期。公共风险的分散与积聚并不需要政府的应对,最多只是识别与预警;公共风险爆发后,才是政府应对公共风险责任必须履行的时期。政府应通过扩大财政支出,把公共风险爆发的影响降低到最低限度并逐步释放风险(刘尚希等,2017)。

(四)扩张性财政政策带来了严峻的财政风险

2008年金融危机爆发后,各大经济体纷纷采取扩张性财政政策刺激经济,加之此次危机严重程度较深,很多国家实施的财政政策的力度与时间也比以往更强和更长,导致财政赤字和政府债务不断攀升,财政风险不断积累,并最终引发了欧洲主权债务危机、美国财政悬崖和中国地方政府性债务风险。如图1所示,除印度、土耳其等个别国家外,世界主要经济体2016年的政府债务水平都比2007年有所上升,美国、欧元区、中国和日本这四个最大经济体的政府债务水平提高的幅度尤为明显。与世界主要经济体相比,中国政府债务占GDP的比重并不算高,但纳入统计的政府债务只是直接和显性的政府债务,考虑到或有和隐性政府债务,中国政府债务水平显然要高得多。尤其是中国包括养老金缺口以及银行显性和隐性不良资产在内的或有负债值得关注,一旦经济增长速度长期持续下滑,"或有"负债会不断"实有"化(李扬等,2015)。地方政府债务问题已成为悬在中国经济上方最大的"堰塞湖",妥善防范和化解地方政府债务风险,是决定中国经济稳定增长的关键。

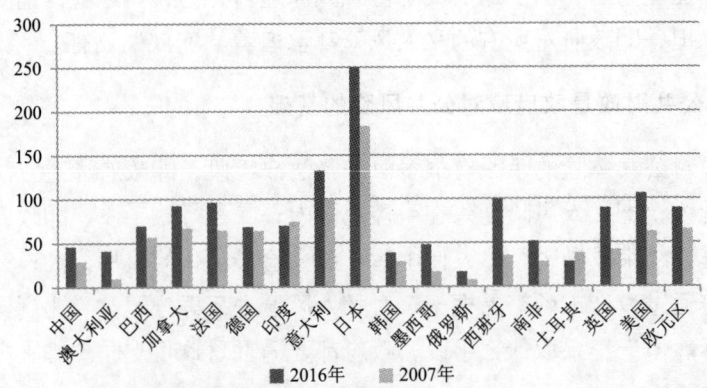

图1 世界主要经济体政府债务占GDP比重(%)

资料来源:全球经济指标数据网,https://zh.tradingeconomics.com/。

三、公共风险的变化与财政政策效果

现有关于财政政策效果的研究，主要是从经济的视角进行分析的，即分析财政支出的扩张与收缩对经济增长、通货膨胀、就业水平等总量指标的影响，其隐含的前提是个体需求、公共需求不变，进而公共风险既定。然而，随着经济社会的发展，个体的需求是变化的，不同层次的需求对应不同的个体风险，在技术进步、社会分工深化、社会联系日益紧密的条件下，个体风险又叠加、转移和转化为新的公共风险，使得公共风险出现了升级、发散、扩散与渗透效应。适应风险的变化，现代公共管理出现了从层级模式向网格模式的转变。在美国，风险管理构成了一个强有力的无处不在的公共政策形式（David A. Moss, 2001）。公共风险的变化，必然要求以应对公共风险为主要功能的财政安排作出相应变化。

（一）公共风险的迭代效应

公共风险不是静止不变的。公共风险的变化既有内生因素，也有外生因素。公共风险是由个体风险的叠加和异化形成的（刘尚希，1999），个体风险的变化必然导致公共风险的变化，这是内生性因素。另一方面，技术进步、社会分工、社会联系等的强化也在加速或改变着个体风险，进而影响公共风险，这些是公共风险变化的外生因素。内生与外生因素的影响，使得公共风险会以升级、发散、扩散与渗透的形式发生变化，借鉴软件工程学的术语，我们把公共风险的这些变化统一称为"迭代（Spiral）效应"，意在说明公共风险的变化不是线性的，而是在各种因素影响下螺旋式上升的。

1. 个体需求变化与技术进步导致公共风险的升级

按照马斯洛需求层次理论，人类需求像阶梯一样从低到高分为生理、安全、社交、尊重和自我实现五种需求；某一层次需求得到满足后，就会出现另一层的需要。对应不同的层次，个体所面对的风险也是不同的，需求的升级必然带来风险的升级。一个国家或地区经济社会发展水平的提高，会使得大部分居民的需求层次发生改变，个体风险的升级也就推动着公共风险的升级。不能受教育在古代社会很正常，现代社会儿童失学就是一种个体风险甚至公共风险；在基础教育得到基本满足的情况下，幼儿教育资源不足已成为中国社会重要的公共风险。技术进步在更大程度、更有效率地满足个体需求的同时，也产生了技术应用的风险，且使风险的因果关系不再是简单的线性关系，变得极其复杂且难以控制；另一方面，技术进步也使得人类识别风险的能力增强，使得原来未被识别的不确定性成为风险。

2. 社会主体利益多元化与社会分工导致公共风险发散

经济社会发展不是使所有的个体从某一层次的需求上升到更高层次，而是使个体需求的层次上升有了更大的可能性，需求层次提高基础上的多元化是社会进步的主要表现。多元化的需求使得社会分层和社会利益格局更加复杂，不同利益的交合与冲突是构成社会风险的主要源头。"利益之所在，风险之所在"是市场经济条件下的基本规律，市场主体通过利益的交换来实现利益最大化与风险最小化，这种利益与风险的交换也使得个体风险转化的公共风险更加发散。

专业化分工可以实现规模报酬递增，进而提高生产效率促进经济增长。但专业化生产也会带来风险，这种风险源自于市场上的不确定性，包括商品价格的不确定性、生产技术的不确定性和消费者偏好的不确定性等。当经济体仅专业化生产少数产品时，在信息不对称的市场条件下，产品生产就更容易受到需求、价格等因素的冲击，导致经济波动性加大、风险增加。另一方面，社会分工使得一个产品的生产被分成了若干环节，每个环节间都需要衔接与配合，这就产生了新的不确定性。

3. 社会交往与联系导致公共风险的扩散与渗透

技术进步推动之下，人与人之间交往方式在发生着巨大的变化，新的公共风险随之产生。一方面，传统的信息不对称问题在弱化，人们有了更多渠道了解信息，另一方面新的信息不对称问题产生，信息来源的广泛性使得人们的预期在发生变化。谣言在人与人之间口口相传，传递速度相对较慢，在现代信息社会，通过社会交往工具，谣言大面积传播能够在瞬间完成，虚假信息的广泛、快速传播带来的公共风险日益突出。

企业之间的关系也在发生变化。股份制的组织形式使得企业所有权与经营权分离，委托—代理关系中存在道德风险；交叉持股使企业间关系更加复杂化，企业间风险的传导与扩散导致企业风险更容易转化为公共风险；股权投资、风险投资等融资形式的普遍化使得企业能够在短时期内壮大、也容易在短期内衰败，企业成长的风险对经济社会的冲击日益显现；产品生产分工的细化使得产业链拉长，信息不对称与市场环境的变化在产业链上下游之间的衔接中催生了新的不确定性。

全球化条件下，国家间的交往与联系日益紧密。全球化不仅是经济的全球化，也是文化的多样化、政治的多元化。在各国的交往中，个体行为转化为跨国行为，一方面促进了经济的发展，也使得私人风险和公共风险在国际间传导。中国两次扩张性财政政策都是为应对外部冲击，第一次是东南亚金融危机，第二次是美国金融危机，就是经济风险在国际间的传导，而中国自身的经济风险对其他国家也产生着越来越重要的影响。

4. 负债社会的脆弱性导致金融领域成为公共风险的主要渠道

负债是现代社会典型的经济特征，无论是居民、企业还是政府，都是在负债的状态下运行。本杰明·富兰克林关于"世界上只有税收和死亡不可避免"的表述事实上可以扩展表述为"世界上只有税收、债务和死亡不可避免"，因为现代社会，不管是居民、企业还是政府，都时刻背负着一定量的债务。居民负债是家庭应对现实风险的需要，企业负债是应对企业生产经营中风险的需要，政府负债则是应对公共风险的需要。一方面，政府通过负债提高了应对公共风险的能力，为居民和企业提供了更加确定的环境，降低了居民与企业所面临的不确定性；另一方面，风险的降低又激发了个人和企业的风险偏好，使得个人和企业在相对确定的环境中追求更高层次不确定性中的收益，进而升级和演化出了新的私人风险，新的私人风险的叠加与异化又形成新的公共风险，要求政府以更大的投入来应对。也就是说，政府负债一定程度上提高了居民与企业的负债能力与意愿，居民与企业负债的增加产生的新风险，需要更高的政府负债来应对，居民、企业与政府之间形成了债务的相互强化机制。当三者之间的相互强化达到一定水平，整个社会都以债务链条来连结时，负债社会便形成了。负债社会以"信用"作为人与人、企业与企业、国家与国家之间的连结线，而信用又以非实物的、带有主观色彩的、预期性的"信任"为基础，负债社会便天然地具有"脆弱性"特征。整个链条的某一个环节或结点出现问题，都有可能导致系统性、公共性风险。现代金融业的发展是负债社会形成的基础条件，负债社会的脆弱性也就最集中地表现在金融领域，这就使得现代经济、社会危机往往最先由金融领域爆发。

（二）财政收入的线性增长难以匹配公共风险的迭代变化

以税收作为主要来源的财政收入的增长受制于经济总量的增长，只能是线性的。而公共风险的迭代变化则在内生与外性因素的影响下，可能线性变化，也可能非线性、跳跃式、指数式变化。这就使得政府财政收入的增长有时难以匹配公共风险的变化。当公共风险大规模爆发时，政府出于防范和应对的需要，就不得不开辟税收之外的筹资渠道，举债便成为政府的必然选择。瓦格纳法则就表明，当国民收入增长时,财政支出会以更大比例增长。超出国民收入增长比例的财政支出增长部分,要么以增税的形式,要么以举债的形式实现。增税受制于税收法定原则与抑制经济增长效应不可行时,举债便是唯一选择。

(三)传统财政政策效果的弱化

传统的"凯恩斯主义"财政政策的目标是调节经济总量的波动,二战后西方各国的扩张性财政政策有效阻止了经济衰退,把西方国家的经济增长带入了一个黄金时期,而20世纪70年代"滞胀"的出现宣告了扩张性财政政策的失灵。中国20世纪90年代末期的扩张性财政政策有效应对了东南亚金融危机的冲击,而应对2008年金融危机的扩张性财政政策则正向效果衰减、负面效应强化。同样的政策模式,为何在不同时期效果有如此之大的差异?以不变的政策应对变化的环境,以同样的手段应对迭代的公共风险,是主要的原因。

首先,经济总量在持续增长,支出乘数不变的前提下,意味着财政政策的扩张度要等比例增加,但基于防范公共风险的需要,财政支出始终在扩大,留给财政支出扩张的空间越来越小,以举债为主要形式的财政扩张越来越普遍,而债务本身又带来了新的风险。其次,随着公共风险的迭代变化,影响财政支出乘数和总量波动的因素越来越多,扩张性财政政策需要考虑的因素越来越多,而传统的政策框架难以融入频繁出现的新因素与新风险。可以说,总量调节的财政政策短期效果是与财政政策的扩张度成正比的,其长期效果则与总量的增长成反比。在总量增长与风险变化条件下,传统财政政策的正负效应就出现了此消彼长的趋势。

四、从总量调节、结构调节到利益调节
——公共风险与财政风险之间的权衡

传统经济和财政理论中,财政政策与货币政策是宏观经济调控的两大主要工具,都是用于调节经济总量波动的。但与货币政策的总量调节功能不同,财政政策还具有结构调节与利益调节的功能,因为政府基于经济结构优化与收入分配、资源配置目的的制度与政策安排,归根到底也要反映在财政收支安排上。单纯地把财政政策视为总量调节的工具,实际上是把财政政策狭隘化。根据财政政策实践,我们可以把财政政策分为狭义财政政策与广义财政政策两种类型,前者是指

传统的以调节经济问题、缓解经济周期性波动的、作为宏观经济调控工具的财政政策；后者是指一切基于财政收支安排的公共政策，不仅包括经济政策，还包括基于财政收支安排调节经济社会运行的社会政策、政治政策、生态环境政策等。可以说，财政政策是政府公共政策的重要组成部分，任何一项公共政策背后，都反映了一定的财政收支安排。

（一）财政风险成为公共风险的重要来源

公共风险包括经济风险、社会风险、政治风险、生态风险等，财政作为政府应对公共风险的基本手段，具有兜底的功能，因此所有公共风险都能够转化为财政风险。而财政风险的爆发又会影响到经济、社会与政治的运行，进而产生新的公共风险。财政风险的爆发，往往意味着政府应对公共风险的能力崩塌，比一般性公共风险危害更大，可以说是公共风险的总爆发。回顾世界历史，因财政问题而导致的社会动荡、政府垮台、经济瘫痪的例子不胜枚举。财政风险的直接表现是公共债务水平的提升，而债务风险背后政府应对公共风险能力的弱化才是财政风险的更大危害。扩张性财政政策透支了财政支出，实际上弱化了公共财政应对潜在公共风险的能力，或者把政府应对结构性风险与利益冲突风险的能力转嫁到了应对总量波动风险上，虽然减缓了经济总量的波动，但却缩小了应对结构性风险与利益冲突风险的空间，即使经济总量平稳了，但经济增长的效率与社会的稳定性可能受到影响。

（二）转向结构调节：提高经济运行的效率

在总量规模持续增大、财政支出扩张不可持续的情况下，政府防范和化解公共风险的责任并没有缩小，而是更大了。一方面，政府要履行更大的防范和化解公共风险的责任，另一方面，又要防范和化解财政扩张带来的财政风险。这就要求财政政策要在公共风险与财政风险之间进行权衡。转向结构调节以提高经济运行的效率，就是财政政策在公共风险与财政风险之间权衡的必然结果。通过调节经济结构，把财政经济资源配置到更有效率的领域，能够实现财政风险不增情况下公共风险的转移、转化。

（三）转向利益调节：导向经济主体的行为

结构调节的目的在于解决经济社会发展中的结构失衡问题，但经济社会发展的风险来源不仅在于结构的失衡，还在于利益的失衡。中国经济发展中的很多问题根源于经济结构的失衡，社会发展中的问题则多源于利益的失衡。2017年"两会"期间中国政府网的抽样调查就显示，网民最关心的五大问题是住房、教育、社会保障、医疗、就业和工资。就住房来说，中国的住房总量基本能够满足居民的居住需求，矛盾或风险在于住房的配置；教育资源的不均衡使得学区房、择校问题凸显，户籍人口与外来人口之间的利益冲突使得基础教育均等化的政策难以有效推进。实际上，中国各个领域资源的稀缺已不是最突出的问题，关键是资源的配置，也就是利益的分配。2008年的美国金融危机，从根本上说是市场主体间利益分配的失衡、金融业利益过于膨胀所致。

市场经济条件下，个体风险的主要来源是不确定性条件下市场主体的决策，公共风险则主要来源于个体风险的叠加、转移与转化。利用财政政策来调节利益，就是运用财政手段来导向市场主体的行为，引导市场主体预期，引导市场主体在不确定条件下的行为，把市场主体的行为风险控制在可控的范围内，进而控制个体风险的叠加、转移与转化。控制了个体风险，控制了个体风险的叠加、转移与转化，也就控制了公共风险；控制了公共风险，使经济社会运行在正常范围内，也就达到了政府公共管理的目标。

五、行为—风险—治理：财政政策的新逻辑

传统的"补偿性"财政政策是一种"冲击—支出—乘数—总量"的逻辑，即外部或内生的冲击使经济发生波动，根据冲击调整财政支出安排，正向冲击紧缩财政支出，负向冲击扩张财政支出，通过财政支出的乘数效应作用于经济总量，最终平衡经济总量的波动。这种乘数效应得以实现的前提是确实存在乘数效应且具备财政支出调整的空间。抛开是否存在乘数效应及乘数效应的大小不谈，多年的扩张性财政政策已使增加财政支出的空间大大缩小，以扩大财政支出来提振经济增长的路子已不再可行，新时期财政政策的"积极"性应有新的逻辑。

（一）打破公共风险与财政风险的相互强化机制

传统扩张性财政政策下，为应对公共风险的集中爆发，政府以财政支出的扩张来应对，在一定程度上化解公共风险的同时，实际把公共风险转化成为财政风险，公共财政本身的压力持续增加，在达到一定临界点后，财政风险又成为新的公共风险的源头。财政政策的转型需要从打破公共风险与财政风险的相互强化机

制为突破，一方面要改造公共财政防范和化解公共风险的功能，另一方面也要控制财政自身的风险，即不单纯以财政支出扩张作为财政政策的主要手段，更多地使用结构优化与利益调节的政策。

（二）基于"行为—风险—治理"的财政政策逻辑

财政是国家治理的基础与重要支柱，基于这一逻辑，应当把财政政策当作国家治理的重要工具而不单单是宏观经济调控的工具。国家治理的主要目标是促进公平正义、激发社会活力与保障人民民主，这些都是实现国家长治久安的长期目标，与传统财政政策目标的短期性存在背离。从国家治理的视角审视财政政策，就必须突破经济理性假设与确定性思维的束缚，重塑财政政策的逻辑框架。作为宏观经济调控工具的财政政策与作为国家治理工具的财政政策在出发点、行为逻辑与目标取向均不同。推进国家治理体系与治理能力现代化的目的在于实现国家的长治久安。"长治久安"的核心是"稳定"，"稳定"的基本要求是避免大规模的经济社会危机与动荡，这就要求国家治理的基本目标是防范风险，避免风险转化为危机。

作为国家治理工具的财政政策，应能够在识别经济社会发展中的不确定性与风险的基础上，通过政策设计，降低、转移或分散进而化解风险，而不单单是追求短期的经济增长、物价稳定、就业充分与国际收支平衡目标。为防范风险，财政政策的设计应当突破传统的经济学视角，即通过扩大财政赤字，投入基础设施建设，发挥"乘数效应"，带动社会投资，进而促进经济增长。现代社会，来自自然界的风险，在技术与治理进步条件下越来越少，风险越来越具有"人化"的特征，即"人"的行为越来越成为风险的源头，公共风险来源于个体风险的叠加、转移与转化。财政政策要防范风险，必须关注市场主体的行为，通过行为分析，识别风险，进而通过政策约束、引导与激励，改变市场主体的行为来降低和化解风险。

（三）中国积极财政政策的转型：从总量调节转向结构调节

自20世纪90年代以来，中国财政政策出现过三次转向，经历了两轮以财政支出扩张为特征的积极财政政策。两轮财政政策都与国际金融危机的冲击有关，同时也都面临着国内经济结构调整的压力，都是以扩大财政支出、刺激经济增长为目标，投资的重点领域都是基础设施建设。两次扩张性财政政策在应对由外部经济冲击带来的经济风险的同时，也都积累了一定的财政风险。上一轮积极财政政策，中国国债余额占 GDP 的比重由 1998 年的 9.9% 上升到 2003 年的 19.5%，如果考虑隐性债务和或有债务，可能更高。2008 年以来的扩张性财政政策则更大程度地推高了中国的政府债务，政府债务占 GDP 的比重由 2006 年的 29% 上升到 2016 年的 46.2%，使得政府债务尤其是地方政府债务问题成为经济运行的重要风险源之一。如表 1 所示。

表 1　　1996—2017 年中国财政政策取向与主要内容一览表

年份	财政政策	主 要 内 容
1996	适度从紧	控制社会需求，增强有效供给，促进经济总量平衡；完善税制，加强征管，控制和压缩财政支出。
1997	适度从紧	保持投资和消费合理增长；从严控制新开工项目，优化投资结构；做好物价调控，降低物价涨幅。
1998	适度从紧	抑制通货膨胀，稳定和加强农业，防止和化解金融风险，搞好社会保障，保持稳定的宏观经济环境和社会环境。
1999	积极	扩大内需、刺激经济增长；把增加的建设资金投向基础设施建设；努力做好增收节支工作，强化税收征管。
2000	积极	增发建设国债；投资方向以基础设施建设和企业技术改造为重点，注意使其与结构调整紧密配合，并带动社会投资和启动消费。
2001	积极	扩大社会投资，鼓励居民消费；增加国民经济薄弱环节特别是农业投入；促进企业和社会投资增长，引导更多社会资金参加更多领域的开发和建设。
2002	积极	充实扩大内需政策的内容，提高政策实施效果；发行长期建设国债，保持必要的投资拉动力度，实现国民经济持续较快增长；建立公共财政框架，优化财政支出结构，确保社会保障和农村税费改革支出。
2003	积极	扩大内需；发行建设国债，调整和优化国债资金的使用方向和结构；国债资金向结构调整和中西部地区倾斜；扩大投资需求同扩大就业、改善人民生活、促进消费结合起来，实现投资和消费双拉动。
2004	积极	调整财政支出结构，保证各项重点支出；国债和新增财政资金重点向"三农"倾斜，向社会发展倾斜，向西部大开发和东北地区等老工业基地倾斜，向生态建设和环境保护倾斜，向扩大就业、完善社会保障体系和改善困难群众生活倾斜。
2005	稳健	控制固定资产投资规模过快增长；体现区别对待、有保有压的原则；发挥市场配置资源的基础性作用，更加注重运用经济手段和法律手段；不断调整投资和消费的关系，提高城乡居民消费能力，增强消费对经济增长的拉动作用。

续表

年份	财政政策	主 要 内 容
2006	稳健	把增加居民消费特别是农民消费作为扩大消费需求的重点,不断拓宽消费领域和改善消费环境;在大力增收节支的基础上,调整财政支出结构。
2007	稳健	根据经济运行新的发展变化,适时适度进行预调和微调,主动引导社会预期,确保经济平稳较快发展;扩大国内消费需求;合理控制投资增长,优化投资结构;调整国民收入分配格局。
2008	稳健	合理把握财政支出规模,着力促进结构调整和协调发展,优化支出结构,较大幅度增加对社会保障、卫生、教育、住房保障等方面的支出。
2009	积极	大幅度增加公共支出,保障重点领域和重点建设支出;实行结构性减税,优化财政支出结构。
2010	积极	突出财政政策实施重点,加大对民生领域和社会事业支持保障力度;保持投资适度增长,重点用于完成在建项目,严格控制新上项目;加强征收征管和非税收入管理,继续从严控制一般性支出。
2011	积极	发挥财政政策在稳定增长、改善结构、调节分配、促进和谐等方面的作用;保持财政收入稳定增长,优化财政支出结构,压缩一般性支出;加强地方政府性债务管理。
2012	积极	保持宏观经济政策的连续性和稳定性,增强调控的针对性、灵活性、前瞻性,继续处理好保持经济平稳较快发展、调整经济结构、管理通胀预期的关系,加快推进经济发展方式转变和经济结构调整。
2013	积极	实施积极的财政政策,完善结构性减税政策;厉行节约,严格控制一般性支出。
2014	积极	调整财政支出结构,厉行节约,提高资金使用效率,完善结构性减税政策,扩大"营改增"试点行业。
2015	积极	积极财政政策要有力度,促进"三驾马车"更均衡地拉动增长;切实把经济工作的着力点放到转方式调结构上来,推动传统产业向中高端迈进。
2016	积极	积极的财政政策要加大力度,实行减税政策,阶段性提高财政赤字率,在适当增加必要的财政支出和政府投资的同时,主要用于弥补降税带来的财政减收,保障政府应该承担的支出责任。
2017	积极	财政政策要更加积极有效,预算安排要适应推进供给侧结构性改革、降低企业税费负担、保障民生"兜底"的需要。

资料来源:根据历年中央经济工作会议整理。

近年来,在经济增速下滑,政府债务高企的背景下,传统的以扩大财政支出规模来刺激经济增长的财政政策模式空间越来越小、效果越来越弱,中国财政政策出现了转型的态势,在强调"积极"的同时,更加注重"有效",即财政政策的"积极"由扩大财政支出规模调节经济总量转向优化财政支出结构提升经济运行的效率，也可以说由总量型积极财政政策转向结构性积极财政政策。具体表现在：

一是减税降费。2016年5月全面推开了营业税改增值税，截至2017年6月，直接减税8500多亿元；针对小微企业所得税，把年应纳税所得额上限从6万元提高到50万元；科技型中小企业研发费用税前加计扣除比例由50%提高到75%；通过清理和规范政府性基金与行政事业性收费，取消、减免或停征1368项。尽管2017年赤字率仍按3%安排，财政赤字2.38万亿元，比上年增加2000亿元，但扩大的赤字主要用于弥补减税降费带来的财政减收和保障重点领域支出需要。

二是降低实体经济企业成本。2016年8月，国务院印发《降低实体经济企业成本工作方案》，全面部署"降成本"有关工作。文件提出，经过1—2年努力，要取得降低实体经济企业成本工作的初步成效，经过3年左右使实体经济企业综合成本合理下降，盈利能力较为明显增强。中国财政科学研究院（2017）的"降成本"调研报告显示，中国的"降成本"政策取得了降低企业税费、融资、用能、物流、制度性交易成本等良好成效；从调查数据看，对于降低企业税费负担的政策措施，26.4%的企业认为成效非常好，36.8%的企业认为成效好，34.8%的企业认为成效一般，2.1%的企业认为成效较差，其他方面的降成本措施成效，企业的认可度也都很高；世界银行的《全球营商环境》报告显示，2013年到2016年，中国营商环境的世界排名提高了18位。

三是盘活存量财政资金。由于财政资金分配的固化，各部门、各领域财政资金的分配主要沿袭过去的规则与规模，导致轻重缓急变化下，有些部门、领域的财政资金极为短缺、有些则相对富裕，一些部门、领域财政资金存在沉淀、滞留现象。中国国家审计署2014年底抽查的22个中央部门有存量资金1495.08亿元，18个省本级财政有存量资金1.19万亿元。2015年，中国政府出台了10项举措，有针对性地"唤醒"趴在账上的财政资金。相关政策落实后，中央财政收回了中央部门及单位的大量财政资金，统筹用于促投资、稳增长的急需领域；地方各级政府收回同级各部门及单位更大规模的财政存量资金，统筹用于发展急需的重点领域和优先保障民生支出。

四是优化财政支出结构。随着中国供给侧结构性改革的推进，财政政策在调控总量的同时，也更加注重调控结构。近年来，中国财政加大了对供给侧结构性改革的支持力度，通过优化财政资源配置，提高生产要素利用水平，改善国民经济运行效率。中央政府提出了在 2012—2017 年任期内，政府性楼堂馆所一律不得新建，财政供养人口只减不增，"三公经费"只减不增的承诺。2017 年，中央财政对地方一般性转移支付规模增长 9.5%，重点增加均衡性转移支付和困难地区财力补助；压缩非重点支出，中央部门一律按不低于 5% 的幅度压减一般性支出；配合"三去一降一补"，设立了专项奖补资金，重点支出化解钢铁、煤炭行业过剩产能过程中职工分流安置；优化财政支农投入供给，实施以绿色生态为导向的农业补贴制度改革，将补贴政策目标由数量增长为主转到数量、质量、效益并重。

（四）适应国家治理体系现代化的财政政策：更加重视利益调节

党的十八届三中全会提出，全面深化改革的总目标是完善和发展中国特色社会主义制度，推进国家治理体系和治理能力现代化。随着市场经济的发展、社会结构的变动和利益关系的多元化，当前中国经济社会发展中面临的公共风险也发生了显著变化。与改革开放初期面临的主要是基本生存风险相比，当前的公共风险主要源于社会资源分配不当所引发的社会冲突（张朝举和祁毓，2015），反映在财政安排上，就应当从经济建设型财政转向利益调节型财政。

当前，中国国内生产总值已达八十万亿元，居世界第二位。庞大的基数之下，经济增长速度的下滑在所难免，受各种内外部因素影响的经济总量的波动也属正常，可控范围内的增速下滑与总量波动已经不是公共风险的主要来源。发展的不平衡、不充分，发展的质量和效益不高，生态环境问题、民生领域的短板、社会利益格局的固化与冲突等已成为新时期公共风险的主要来源。中国的社会主要矛盾已经从改革开放初期的"人民日益增长的物质文化需要同落后的社会生产之间的矛盾"转变为"人民日益增长的美好生活需要和不平衡不充分的发展之间的矛盾"。新的社会矛盾的解决要靠经济总量的增长，更要靠经济结构的优化、利益分配的均衡。财政作为国家治理的基础和重要支柱，财政政策作为国家治理的工具，就应在调节经济总量的同时，更加关注结构与利益的调节。

参考文献

[1] 刘明康. 货币和财政政策已到了效果极限 [N]. 中国联合商报，2013 - 09 - 23，A04.

[2] 中国财政科学研究院调研组. 分化趋势与风险双升背景下的政策协调——当前地方财政经济运行情况调研报告 [J]. 财政科学，2017，（1）.

[3] [美] 詹姆斯·奥康纳. 国家的财政危机 [M]. 沈国华译, 上海: 上海财经大学出版社, 2017年版.

[4] [德] 沃尔夫冈·施特雷克. 购买时间——资本主义民主国家如何拖延危机 [M]. 常晅译, 北京: 社会科学文献出版社, 2015年版.

[5] 刘尚希. 公共风险是引导财政改革的那只"看不见的手" [J]. 经济研究参考, 2010, (60).

[6] 刘尚希. 财政新常态: 公共风险与财政风险的权衡 [N]. 光明日报, 2015-03-18, (015).

[7] [德] 乌尔里希贝克. 风险社会 [M]. 何博闻译, 译林出版社, 2004.

[8] [英] 安东尼·吉登斯. 现代性的后果 [M]. 田禾译, 译林出版社, 2000.

[9] Peter Huber. Safety and the Second Best: the Hazards of Public Risk Management in the Courts. *Columbia Law Review*, 1985, 85 (2): 277-337.

[10] 刘尚希. 论公共风险 [J]. 财政研究, 1999, (9).

[11] 刘尚希等. 制度主义公共债务管理模式的失灵——基于公共风险视角的反思 [J]. 管理世界, 2017, (1).

[12] 李扬等. 中国国家资产负债表2015: 杠杆调整与风险管理 [M]. 中国社会科学出版社, 2015.

[13] David A. Moss. When All Else Fails: Government as the Ultimate Risk Manager [M]. Harvard University Press, 2001.

[14] 中国财政科学研究院2017年"降成本"调研组. 实体经济企业经营状况整体向好 [J]. 财政科学, 2017, (8).

[15] 张朝举, 祁毓. 转型期中国公共风险指数测试及财政治理效应评估 [J]. 财政研究, 2015, (9).

基于价格水平的财政理论视角下的日本财政研究

[日] 土居丈朗

1. 日本的价格水平的财政理论

在量化、质化货币宽松政策之下,日本央行从市场上大量购买国债。此举是为了摆脱通缩。如图 1 所示,日本央行的国债持有率从 2013 年开始急速上升,到 2016 年第三季度已经突破四成。日本央行大量购买国债的行为,不仅很可能引起财政赤字,同时也涉及政府能否实现财政重建。

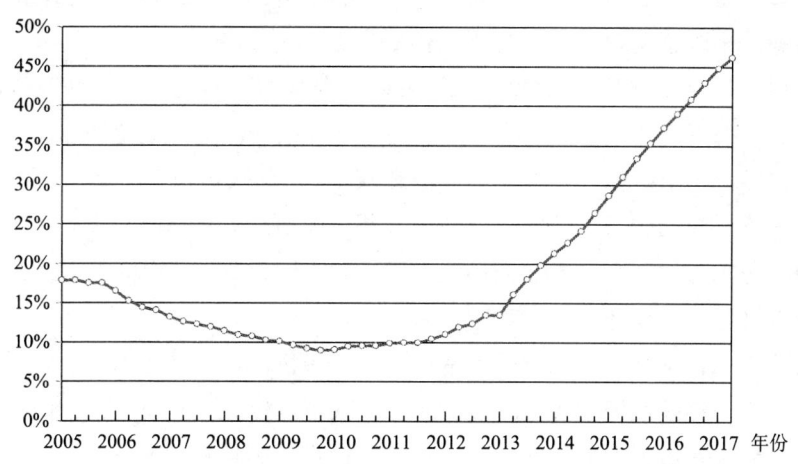

图 1 日本央行国债持有额占发行余额的比例

资料来源:日本银行"资金流量统计"。

作者简介:[日] 土居丈朗,庆应义塾大学经济学院教授。

在此背景之下，Sims（2016）基于价格水平的财政理论（The fiscal theory of the price level：FTPL）的政策研究受到关注。Sims（2016）指出，仅依靠货币政策很难摆脱通缩，财政政策同样可以通过暂时增加财政赤字来提高物价水平。这个基于 FTPL 理论的政策研究估论是否合理？

本文将讨论财政及货币政策的制定方面如何看待摆脱通缩与财政健全化之间的关系，并提出适合日本的财政政策。

2. 不同的财政货币政策所带来的结果

面对长期的通货紧缩，我们采取了各种各样的货币政策，但是至今我们仍然未能摆脱通缩。一般物价水平①是否并不是由货币政策决定的？那么，物价到底是由什么决定的呢？针对这一问题，有人提出了价格水平的财政理论。20 世纪 90 年代在经济学界出现了价格水平的财政理论，2010 年之后又再次受到关注。在日本本土第一篇以"价格水平的财政理论"为题的论文是土居丈朗所著（2000）。

所谓价格水平的财政理论是指，一般物价水平不是由货币政策决定的，而是由财政政策决定的。理论上讲，财政当局与货币当局在制定政策的时候是可以相互讨论的，他们可以商量由哪一种政策去对物价水平产生影响。但是实际上，究竟哪一种政策对物价水平产生影响，因政策管理立场的不同而异。

财政当局无论在何种经济状态下，自主运用政策手段（削减财政支出，增加税收等）来改善财政收支、偿还国债的财政政策，在经济学中被称为"李嘉图财政政策"。与之相对，财政当局自主采用削减财政支出，增加税收等政策手段，但是丝毫不考虑改善财政收支的问题，认为政府债务持续增加也没关系，这种立场在经济学中被称为"非李嘉图财政政策"。此政策认为，如果不调整物价的话，财政管理无法保证国债的偿还。如果政府采取"非李嘉图财政政策"的话，为了防止财政破产（无法偿还国债），政府会调整一般物价水平以使得账户余额相符（名义上偿还国债的期限没有推迟）。

另一方面，货币当局的货币政策也会对一般物价水平产生影响。货币政策也分两种。第一种是积极型货币政策，即当通胀率与目标水平有差值的时候，将政策利率上调比差值更大的幅度。例如，实际通胀率距目标水平还差 1%，此时就将利率上调大于 1%。另一种是被动型货币政策，这种政策不像积极型货币政策那样去实行强劲的货币紧缩。具体而言，即便通胀率没有达到通胀目标，也只会

---

① 本文中的一般物价水平表示的是经济整体的物价情况，GDP 平减指数等是其代表性的指标。

将政策利率上调小于通胀率距目标的差值。这时，因为没有采取强劲的紧缩政策，货币当局对物价水平处于被动的立场。

价格水平的财政理论并不总是成立的，物价由谁决定取决于财政政策和货币政策的组合方式。具体情况见表1。

表1　　　　　　　　　财政货币政策与一般物价水平的决定关系

		货币政策	
		积极型	被动型
财政政策	李嘉图	价格水平的货币决定理论	不决定
	非李嘉图	决定（发散）	价格水平的财政决定理论

资料来源：岩村、渡边（2004）。

Doi, Hoshi, and Okimoto（2011）提到，在日本，虽然也有实行过"李嘉图财政政策"，但是大多数时候实行的是"非李嘉图财政政策"。

3. 价格水平财政理论的含义

下面我们来分析一下，在价格水平的财政理论成立的情况下，所采取的财政货币政策会使得一般物价水平发生怎样的变化。这时要用到将政府和中央银行合起来看的合并政府的预算约束方程[①]。

这里将合并政府的预算约束方程更加细化，以便我们在考察价格水平的财政决定理论的时候，不仅只看财政政策的管理立场，而是将其与国债政策（国债期限）结合起来讨论。国债政策是指，为了在尽量减轻财政负担的同时，能让国债在各种经济形势下都能发挥良好的作用，财政当局在国债的发行、消化、流通和偿还等方面实行的政策的总称。国债政策包括制定国债从发行至偿还的期限（到期日）。偿还期限（偿还年限）有长有短，具体构成比例如表2所示。

表2　　　　　　　　　基于发行价格的期限比例（2014财年）

类别	构成比例
1年期国债	23.3%
2年期国债	17.6%
3年期国债	0.2%
5年期国债	18.7%
10年期国债（包括物价连动国债）	20.9%

---

① 关于预算约束方程的相关背景理论，请参考土居（2017a）。

续表

类别	构成比例
20 年期国债	11.4%
30 年期国债	6.7%
40 年期国债	1.2%

资料来源：财务省《国债统计年报》。

言归正传，下面我们来讲预算约束方程。基于井堀、小西（2016）的研究，为求简明且具有普遍性，我们将经济运行分为现在（第 1 期）和将来（第 2 期）进行考察。将第 2 期设定为这个经济阶段的结束，这样的设定只是为了表示政府完全还清借债，此假设不会对结论产生影响。此外，即使这个经济阶段结束，由于货币是交易所必需的，因此我们假设第 2 期货币存在激励。因此，在第 2 期发行的货币，也会产生铸币利差。

因为我们假定有在第 1 期到期的国债，也就是说在第 1 期初（第 0 期末）这个时间点，有在第 1 期到期的国债和在第 2 期到期的国债这两种。

此合并政府的预算约束方程（以名义 GDP 计价），第 1 期为：

$$B_0(1) = P_1 s_1 + Q_1(2) B_1(2) + H_1 - H_0 \tag{1}$$

其中，$Q_1(2) \equiv \dfrac{P_1}{(1+r)P_2}$，$B_i(n)$ 表示在 i 期末发行、在 n 期到期的（名义上）国债余额。P_i 为 i 期的一般物价水平，s_i 为 i 期的实际基础财政收支，$Q_i(n)$ 为在 i 期发行在 n 期到期的国债的发行价格、r 为实际为利率，H_i 为 i 期末基础货币余额。[①] 在（1）式中，$P_1 s_1$ 表示名义基础财政收支。第 1 期的预算约束方程表示，用于偿还在第 1 期到期的国债（$B_0(1)$）的资金来源是，第 1 期的基础财政收支（如果是黑字的话，就会用于偿还国债，如果是赤字的话，不足的部分就会想办法用其他资金补足），以及在第 1 期发行新的国债去偿还在第 1 期到期的国债，以及基础货币的增量（也会成为央行收入的一部分）。其中，基础财政收支是指，今年的政府经费能否全部由税收覆盖的收支状况。如果税收多于政府支出的话，基础财政收支为黑字，多出来的税收用于还债。反之，税收少于政府支出的话，基础财政收支为赤字，税收不足以支撑支出的部分，由新的借债来填补。

接下来我们来看第 2 期的预算约束方程：

$$B_0(2) + B_1(2) = P_2 s_2 + H_2 - H_1 \tag{2}$$

---

① 在土居（2017b）里的说明比本论文更简明易懂。

在第 2 期需要偿还的是，在第 1 期初（第 0 期末）本来就存在、在第 2 期到期的国债（$B_0(2)$），以及在第 1 期发行、在第 2 期到期的国债（$B_1(2)$）。

从合并政府的预算约束方程中，我们可以看到政府是用于偿还债务的资金来源。在每一期的预算约束方程中，方程式的左边代表的是到期的国债，方程式的右边代表的是用于偿还国债的资金来源，有现金偿还（基础财政收支）、发行借换债（借新债还旧债）及新的国债，基础货币的增量等来源。如果价格水平的财政决定理论成立的话，从这个方程式中我们可以看到一般物价水平是如何被决定的。

不过，如图 2 所示，当货币当局采取积极型货币政策，价格水平的财政理论不成立的时候，物价水平是由货币政策决定的，与合并政府的预算约束方程无关。这种情况下，合并政府的预算约束方程只是单纯表示政府为了配合物价水平自主地运用政策手段来筹集政府债务的偿还资金。但是，如果货币当局采取被动型货币政策、财政当局采取非"李嘉图财政政策"的话，价格水平就不是由货币政策决定的，而是由财政政策决定以使得物价水平符合上方合并政府的预算约束方程。

联立（1）和（2），解方程式，得到各期的一般物价水平如下。

第 2 期的物价水平

$$P_2 = \frac{B_0(2) + B_1(2) - \Delta H_2}{s_2} \tag{3}$$

第 1 期的物价水平

$$P_1 = \frac{B_0(1) - \Delta H_1}{s_1 + \frac{B_1(2)}{(1+r)P_2}} = \frac{B_0(1) - \Delta H_1}{s_1 + \frac{B_1(2)}{1 + r B_0(2) + B_1(2) - \Delta H_2}} \tag{4}$$

其中，$\Delta H_t \equiv H_t - H_{t-1}$，即基础货币的增量。

从方程（3）和方程（4）中我们可以知道，国债余额、国债期限、基础货币的增量以及基础财政收支的大小均对一般物价水平产生影响。

在第 2 期的时候，方程（3）的左边是 P_2，如果价格水平的财政理论成立的话，那么就表示在这一期里物价水平是由财政政策决定的。也就是说，在制定财政政策的时候不去被动迎合价格水平，而是由财政性变量去主动影响物价。

另外，由于方程（3）是恒等式，可以将其改写为

$$s_2 = \frac{B_0(2) + B_1(2) - \Delta H_2}{P_2}$$

财政当局对物价水平采用的是"李嘉图财政政策"（被动），只能根据物价水平的变化使得账本相符，调整财政收支。在这种状态下，价格水平的财政决定理论不成立。

在方程（3）和方程（4）中，物价水平会因财政政策和国债政策发生怎样的变化呢？从方程（3）我们可以知道，如果第 2 期的实际基础财政收支（s_2）变小的话，第 2 期的物价水平就会上涨。另外，即使第 2 期应该偿还的债务（$B_0(2)+B_1(2)-\Delta H_2$）变大，第 2 期的物价水平也还是会上涨。

第 1 期的物价水平会对第 2 期的实际基础财政收支（s_2）及在第 2 期到期的 1 期国债余额（$B_1(2)$）产生影响。另外，在第 1 期发行、第 2 期到期的国债余额（$B_1(2)$）增加的话，第 2 期（将来）的物价水平会上涨，且在一定条件下，第 1 期（现在）的物价水平可能会下降。这种情况与日本现在的通货紧缩的情况很类似。

以上是将价格水平的财政理论用方程式表示的结果，将其用更加具体的数值例子表示的话，如表 3 所示。表 2 表示的是根据以上方程（3）和方程（4）确定物价时的数值。双线以上部分的政策性变量为外生变量，双线以下的物价水平由内生变量决定。这时，将第（1）列的第 2 期物价水平（P_2）设为 1。将第（1）列—第（5）列的第 1 期基础财政收支（s_1）设为 -19，第（6）列—第（10）列设为 -20。虽然两者的基础财政收支有些许不同，但是看两者的基准线第（1）列和第（6）列的话，第（1）列表示的是从现在到将来物价上涨（$P_1 < P_2$）的情况，第（6）列表示的是长期通货紧缩即物价下降（$P_1 > P_2$）的情况。无论是哪一种设定，以下所得到的结论都不会改变。在表里设置第（6）列—第（10）列是为了说明此设定对结论无影响。

表 3　　价格水平的财政理论的数值例子

	(1)	(2)	(3)	(4)	(5)	(6)	(7)	(8)	(9)	(10)
R	0.02	0.02	0.02	0.02	0.02	0.02	0.02	0.02	0.02	0.02
$B_0(1)$	90	90	90	90	90	90	90	90	90	90
$B_0(2)$	25	25	25	25	25	25	25	25	25	25
$B_1(2)$	30	50	24.69	24.69	24.69	30	50	25.2	25.2	25.2
H_1	80	80	85	86	84	80	80	85	86	84
H_2	15	15	9.69	9.69	9.69	15	15	10.2	10.2	10.2
s_1	-19	-19	-19	-19	-19	-20	-20	-20	-20	-20
s_2	40	40	40	40	40	40	40	40	40	40
P_2	1	1.5	1	1	1	1	1.5	1	1	1
P_1	0.9605	0.7310	0.9605	0.7684	1.1525	1.0625	0.7887	1.0625	0.8500	1.2750
P_2/P_1	1.0412	2.0520	1.0412	1.3015	0.8676	0.9412	1.9020	0.9412	1.1765	0.7843

第（2）列表示的是比第（1）列推迟偿还债务的情况。应在第 1 期还清的 90 国债（B_0(1)）里，在第 1 期新发行的国债从 30 增加到 50，多出来的部分意味着第（2）列比第（1）列多发行了借换债，减少了现金偿还的金额。之所以这么做，是因为财政当局意识到如果在第 1 期发行、在第 2 期到期的国债（B_1(2)）增加的话，那么在第 2 期就要为这增加的部分准备更多的偿还资金（削减年度指出、增加税收等）。根据这样一种想法去运用财政政策的话，即为"李嘉图财政政策"。这时，如果价格水平的财政决定理论成立的话，就能根据此理论得知物价水平是怎样被决定的，因此即便在第 1 期发行、在第 2 期到期的国债（B_1(2)）增加，也不用改变之前设定的第 2 期政策变量的值。这意味着，政策当局并不是根据物价的变化去改变政策变量，而是决定物价变动的。

第（1）列设定的状态是将来经济会变成缓慢的通货膨胀状态，在第（2）列的推迟偿还债务的情况下，物价水平（P_2）比第（1）列要更高一些。这个依据可以从方程（3）中找到。特别是，如果 ΔH_1 比 ΔH_2 大的话（$\Delta H_1 > \Delta H_2$），第 1 期的物价水平（P_1）就会下降。这警示我们，在价格水平的财政理论下，政策当局如果为了摆脱通缩、减轻国民的负担，因此推迟政府债务的偿还的话，很可能会使得目前的通缩情况更加严峻。

在日本，关于国债偿还 60 年必须全部还清的规定（详见土居（2017a），因这个规定的存在，财政当局似乎也没有推迟偿还国债。但是，可以在不违反这个规定的情况下，用新债换旧债（即借换债），这样发行新债去偿还旧债的方法，并不会使得国债余额减少，其最终结果与推迟偿还国债无异。从方程（3）和方程（4）中我们也可以知道，如果减少在第 1 期（现在）的债务偿还，推迟还债，增加在第 1 期的国债发行量（B_1(2)）的话，那么第 2 期（将来）的物价水平就会上涨。而第 1 期（现在）的物价水平在一定条件下会下降。所以说，即便货币政策完全不变，只是推迟了政府债务的偿还，不仅会带来将来物价的上涨，还会使当前物价下降。这是因为，将今年需要偿还的国债量减少了，降低了第 1 期的物价水平。换句话说，推迟偿还债务的财务管理模式会使当前的通货紧缩更加严重，并在未来造成通货膨胀影响。而这种目前通货紧缩情况越来越严重且不去减轻政府债务的情况正是日本当前所面临的窘境。

当价格水平的财政理论成立时，日本央行购买国债可能不会影响物价水平。这种情况显示在图表 4 的第（3）列和第（4）列中。就第（3）列而言，由于日本央行购买新发行的国债，故基础货币增量（ΔH_1）从 80 增加到 85，当前新发行的国债（B_1(2)）由 30 减少到 24.69。提醒大家注意的是，这里新发行的国债如上所述是市场易消化的国债。这时，如果第 2 期的基础货币增量（ΔH_2）为 9.69 的话，各期的物价水平便均与第（1）列相同。第（3）列有意改变了政策变量的数值，以使得其物价水平与第（1）列相同。第（3）列显示，即使 FTPL 成立，日本央行购买国债也不会影响价格水平。

根据第（1）列和第（3）列的比较，我们只将第 1 期基础货币的增量（ΔH_1）从 85 增加到 86，得到第（4）列。如果政府新发行的国债（$B_1(2)$）与第（3）列相同，那么现在的物价水平就会从 0.9605 降到 0.7684。也就是说，如果国债的发行额与偿还期限都不变，只是增加当前的基础货币的话，现在的物价水平就会下降。如果价格水平的财政理论成立，只是增加作为货币宽松政策一部分的基础货币，而其他政策不变的话，当前的物价水平会下降。这个结论与我们通常认为的货币数量论相反。

下面我们来看第（5）列。第（5）列也只改变了一个数据，与第（4）列相反，第（5）列将基础货币增量（ΔH_1）从 85 减少到 84。如果政府新发行的国债（$B_1(2)$）与第（3）列相同，那么现在的物价水平就会从 0.9605 上涨到 1.1525。也就是说，如果国债的发行额与偿还期限都不变，只是增加当前的基础货币的话，现在的物价水平就会下降。

4. 铸币利差的含义

首先我们要再次确认一下基础货币的含义。基础货币是指央行发行债券的总额、货币流通量及日本银行活期存款的总额。在货币政策当中，特别是在现行的量化质化货币宽松政策之下，对基础货币的操作发挥着极其重要的作用。在经济学中有这样一个定义，基础货币的增量即铸币利差。如果将基础货币的增量看作铸币利差的话，对于合并政府而言，基础货币就不是债务而是收入了。本文中的方程（1）和方程（2）也说明了这一点。

与之相对，也有将基础货币视作合并政府的债务的观点。

那么，价格水平的财政决定理论与基础货币的定位有着怎样的关联呢？从结论上看，在合并政府的预算约束方程（1）和（2）中，基础货币的增量的确表示的是收入，但是由于这是一个简化后的方程，如果对其进行恒等变形的话，也可以将基础货币视作合并政府的债务。

我们可以回去确认一下合并政府预算约束方程是如何成立的，以此确认这个事实。首先，一般政府的预算约束方程为：

$$P_1 g_1 + B_0^G(1) = P_1 T_1 + Q_1(2) B_1^G(2) + P_1 cb_1$$

$$P_2 g_2 + B_0^G(2) + B_1^G(2) = P_2 T_2 + P_2 cb_2$$

其中，g_t 表示 t 期的实际政府支出，T_t 表示 t 期的实际政府收入（日本银行上缴金除外），$B_i^G(n)$ 表示在 i 期发行在 n 期满期的国债的总额，cb_t 表示 t 期的日本银行上缴金（日本央行支付给政府的款项）的实际价值。

中央银行的预算约束方程为：

$$P_1 cb_1 + Q_1(2)B_1^C(2) = B_0^C(1) + H_1 - H_0$$

$$P_2 cb_2 = B_0^C(2) + B_1^C(2) + H_2 - H_1$$

其中，$B_i^C(n)$ 表示在 i 期发行、在 n 期到期的国债中，日本银行的持有量。

日本银行上缴金是指，将日本银行所持有的国债的利息返还给政府。日本银行持有国债不是为了提高自己的利润，而是为了使得货币能在市场上流通，才去市场上购买国债的。将这几个预算约束方程合并，消去日本银行上缴金，得到之前的综合银行预算约束方程。

$$B_0(1) = P_1 s_1 + Q_1(2)B_1(2) + H_1 - H_0 \tag{1}$$

$$B_0(2) + B_1(2) = P_2 s_2 + H_2 - H_1 \tag{2}$$

其中，$B_i(n) \equiv B_i^G(n) - B_i^C(n)$，$s_t \equiv T_t - g_t$。与第 3 部分中的 $B_i(n)$、s_t、H_t 意义相同。特别提醒大家注意的是，第 3 部分中的 $B_i(n)$ 表示除去日本银行所持国债之外的国债余额。

如果我们将基础货币增量视作铸币利差，并且认为合并政府的基础货币是收入而不是债务，那么根据以上数据，政府债务即除日本央行持有量以外的国债余额。图 2 是在这一观点下的除央行持有量以外的公债余额（包括地方债券余额）所占 GDP 的比率。

土居（2008）将图 3 中的修正净债务定义为，净债务 +（中央政府的金融资产 - 政府短期证券余额）+ 地方政府的金融资产。Doi, Hoshi, and Okimoto (2011) 及 Doi（2018）都沿用此定义。我们通常用的净债务，是从总债务中将未计划用于偿还诸如养老金公积金等粗略债务的资产作为政府金融资产扣除，但是扣除之后的净资产也并不代表政府真实的还款能力或未来的财务负担，采用它来考察政府债务是不恰当的。在净债务中，将在外汇基金特别账户中持有的与外国债券相抵的政府短期证券等用于充当还债资金来源的金融资产扣除，得到修正净债务[①]。

---

① 关于修正净债务更直观的说明，请参考土居（2017a）。

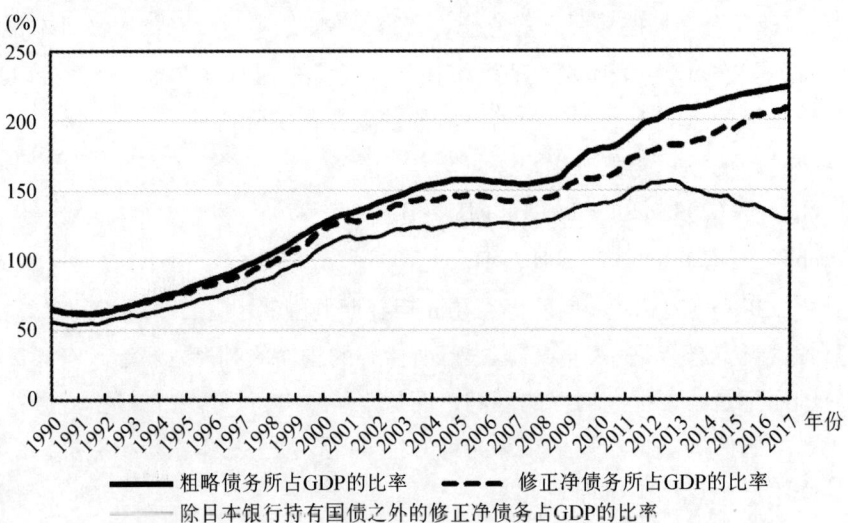

资料来源：OECD Economic Outlook，日本央行"资金流量统计"。

图 2　政府债务余额占 GDP 比率的变化

图中最下方的线是从修正净债务中除去日本银行持有国债之后的债务余额占 GDP 比率的变化。可以看到，这个值在 2012 年第四季度达到峰值，之后一路下跌，最近已经跌破 130%。这是因为日本银行持有的国债余额增加了。有人从图 10－1 得出，日本的政府债务问题正在走向解决。

但是，我们将合并政府的预算约束方程（1）和（2）变形之后得到如下方程式：

$$[B_0(1)+H_0] = P_1 s_1 + Q_1(2)[B_1(2)+H_1] + \left\{1-\frac{P_1}{(1+r)P_2}\right\}H_1 \quad (1')$$

$$[B_0(2)+B_1(2)+H_1] = P_2 s_2 + H_2 \quad (2')$$

其中，第 1 期和第 2 期，预算约束方程中用中括号括起来的部分表示合并政府的债务余额。两个方程式的左边表示的是，在前一期的期末合并政府的债务余额。方程（1）和方程（2），方程（1'）和方程（2'）都是由同一个预算约束方程推导出来的。因此，方程（1）和方程（2）中的利差，在第 1 期中，名义上是 $\left\{1-\frac{P_1}{(1+r)P_2}\right\}H_1$，实际上是 $\left\{1-\frac{P_1}{(1+r)P_2}\right\}\frac{H_1}{P_1} = \left\{\frac{(1+r)(1+\pi)P_1-P_1}{(1+r)(1+\pi)P_1}\right\}\frac{H_1}{P_1}$

$= \frac{R}{1+R}\frac{H_1}{P_1}$ 的收入，其余都成为合并政府的债务（这里的 R 表示名义利率）。

那么，铸币利差与日本银行的实际收入，即上缴给政府的金额之间有怎样的异同呢？深尾（2007）曾提到，作为政府收入的日本银行上缴金，概括来讲，就是利息×日本银行持有国债余额（请注意这里是基于附息债券标准的表记）。更进一步地将其与日本银行持有国债的目的结合起来看，（去年底）日本银行持有国债余额＝去年底的货币金额，因此，可以说日本银行上缴金＝利率×去年底货币金额。

这似乎与之前提到的铸币利差，即当年年底货币金额减去去年的货币金额有所不同。那么多出来的部分去了哪里呢？

从这两者是一致的角度来看，日本银行上缴金就是货币发行量的（从央行向政府）分期付款。

日本银行上缴金＝利率×去年底的货币金额。如果能够永久地（如果到期的话可以用新债代替旧债）持有（与去年底货币金额相对应金额的）日本银行所持国债的话，那么每年的利率×去年底的货币金额，就会全部由日本银行上缴至政府。

以现值来看的话，从去年开始计算，今年日本银行上缴金的现值为，利率×去年底的货币金额÷（1＋贴现率）。这是可以永久持续下去的。我们将贴现率设为与利率相同，去年底货币金额用 H 表示，得到以下等式。

$$\frac{R \times H}{1+R} + \frac{R \times H}{(1+R)^2} + \frac{R \times H}{(1+R)^3} + \cdots = \frac{R \times H}{(1+R)-1} = H$$

假设日本银行永久地持有其购买的国债，那么用政府每年为日本银行持有的国债支付的利息（现值）去交换去年底发行的货币金额，把每一年的金额加起来，应该等于原本发行的货币金额。具体来说，从现在到将来政府需要为日本银行所持有的国债（与今年年底的货币金额等额）所支付的利息总额，等于今年年底的货币金额。

也就是说，从前一年到当年增加的货币金额，等于从前一年到当年增加的日本银行持有国债金额。并且，针对从前一年到当年增加的日本银行持有的国债，政府需要为这增加的部分所支付的利息（这实际成为日本银行上缴金）的总和，等于从去年到今年增加的货币金额。我们将从前一年到当年增加的货币金额，定义为铸币利差。因此，铸币利差等于，从现在到将来的日本银行上缴金（现值）的总和。从这个意义上来讲，日本银行上缴金，就是铸币利差的分期付款。

日本银行上缴金，的确就是铸币利差的分期付款。但是，这是在假定日本银行购买的国债是永久性持有的情况下得出的结论。并且，日本银行购买国债，本来就是为了摆脱通缩，如果整个经济状态变成通货膨胀的话，根本就没有购买国债的必要了。一旦经济变成通货膨胀（即便是很缓慢的）的状态，民间的经济主体就不再愿意持有贬值的货币，而想将其换成国债，这时就需要央行将其持有的国债卖出。这样一来，日本银行永久持有其所买入的国债这一假设就崩塌，从那之后，日本银行就没有上缴金了。

如果日本银行永久持有其所买入的国债这一假设不成立的话，日本银行上缴金即铸币利差的分析付款这一结论也就不成立了。换言之，铸币利差在央行卖出国债时就已经没有了。

因此，即便价格水平的财政理论成立，基础货币也是合并政府的债务。也正因为如此，如前所述，即便经济状态由通货紧缩变成通货膨胀，日本银行所持有的国债也依旧是偿还债务的负担。如果发行货币的话，政府并不会无限地获得收入，因为这是无中生有。也就是说，在图 1-1 中，以粗略债务占 GDP 比来看整个财政的状况是合理的。①

5. 价格水平的财政理论在日本是否成立

到目前为止，本文在价格水平的财政理论成立的前提下，考察了其含义。

但是，FTPL 理论在日本是否成立呢？

在第 2 部分中提到过，"非李嘉图财政政策"与被动型货币政策的组合是 FTPL 理论成立的前提。下面，我们不再以合并政府为单位考察，而是将一般政府与中央银行分开考察，来分析一下日本的财政政策及货币政策。

在分析财政政策及货币政策时，需要用到 Davig and Leeper（2007）的分析方法。Davig and Leeper（2007）提到财政政策的反应函数，将政府收入占 GDP 比用前期末政府债务占 GDP 的比例、GDP 缺口（GDP gap）、政府支出占的 GDP 比例的函数来表示，允许马尔科夫结构转换。Doi（2018）模仿他设立了下述财政政策的反应函数。

$$\frac{T_t}{y_t} = \alpha_0(S_t^F) + \alpha_1(S_t^F)\text{trend}_t + \beta(S_t^F)\frac{b_{t-1}}{y_{t-1}} + \gamma_y(S_t^F)\text{gap}_t$$
$$+ \gamma_g(S_t^F)\frac{g_t}{y_t} + \sigma(S_t^F)u_t \tag{5}$$

其中，y_t 为实际 GDP，b_t 为 t 期末的实际政府债务余额，trend_t 为时间趋势项，S_t^F 为基于马尔科夫链两类状态的财政政策体制，u_t 为误差项，$\alpha_0(S_t^F)$，$\alpha_1(S_t^F)$，$\beta(S_t^F)$，$\gamma_y(S_t^F)$，$\gamma_g(S_t^F)$，$\sigma(S_t^F)$ 为状态依存参数。

---

① 有关粗略债务与修正净债务之间差别的直观说明，请参考土居（2017a）

Davig and Leeper (2011) 及 Doi, Hoshi, and Okimoto (2011) 等的研究均表明,即便采取"非李嘉图财政政策",财政(政府债务)未必不可持续。如果货币政策是被动型的,为了使现在的政府债务的价值与将来基础财政收支黑字的现值相等,在价格水平可以调整的情况下,即便采取"非李嘉图财政政策",财政也是可以持续的。这是从价格水平的财政理论中得到的一个启示。

因此,模仿前人的研究,Doi (2018) 设定了如下具有马尔科夫转换结构的货币政策反应函数。

$$r_t = \alpha_{M0}(S_t^M) + \alpha_{M1}(S_t^M)\text{trend}_t + \beta_M(S_t^M)\pi_t + \delta_y(S_t^M)\text{gap}_t + \delta_e(S_t^M)\text{ex}_t + \sigma(S_t^M)v_t \qquad (6)$$

其中,r_t 为政策利率(名义利率),π_t 为通货膨胀率,ex_t 为实际汇率对趋势的偏离,S_t^M 为基于马尔科夫链两类状态的财政政策体制,v_t 为误差项,$\alpha_{M0}(S_t^M)$,$\alpha_{M1}(S_t^M)$,$\beta_M(S_t^M)$,$\delta_y(S_t^M)$,$\delta_e(S_t^M)$,$\sigma_M(S_t^M)$ 为状态依存参数。

表 4 显示了财政政策的反应函数 (5) 的推算结果。在制度 1 下,政府债务占 GDP 的比例系数显著为负值,这表明当政府债务占 GDP 的比例增加时,税收收入会减少。用 Leeper (1991) 中的说法来讲,制度 1 是一个积极的 (active) 制度。

解释变量:政府收入占 GDP 的比例。

推算期间:1980 年第 1 季度—2017 年第 1 季度。

推算方法:最大似然法(假设误差项遵循均值为 0 且方差为 σ^2 的正态分布)。

表 4   财政政策的反应函数的推算结果

	制度 1	制度 2
政府债务余额占 GDP 比(1 期前)	-0.0482***	0.0054
	(0.0079)	(0.0069)
GDP 缺口	0.0675	-0.1300
	(0.0431)	(0.0815)
政府支出占 GDP 比	-0.1819***	-0.5684***
	(0.0434)	(0.0597)
σ	0.0046***	0.0061***
	(0.0923)	(0.1274)
常数	0.3419***	0.4533***
	(0.0118)	(0.0154)

续表

	制度 1	制度 2
时间趋势项	0.0010*** (0.0001)	0.0006*** (0.0001)
过渡概率	0.9837 (0.0054)	0.9899 (0.0040)
对数似然比	560.6	

注：括号内为标准误差。***、**、* 代表其显著性水平分别为1%、5%、10%。
来源：Doi（2018）。

与制度 1 相反，在制度 2 下，政府债务占 GDP 的比例系数不显著。如果这个系数显著为正，根据 Leeper（1991），则它是一个被动的（passive）制度。如果财政政策是被动型的话，即其采取的是"李嘉图财政政策"。但是，在制度 2 下，政府债务占 GDP 的比例系数不显著，所以它不是"李嘉图财政政策"。

那么日本的财政政策，在每一个时期分别是在哪一种制度之下呢，根据推算得到以下图 3。

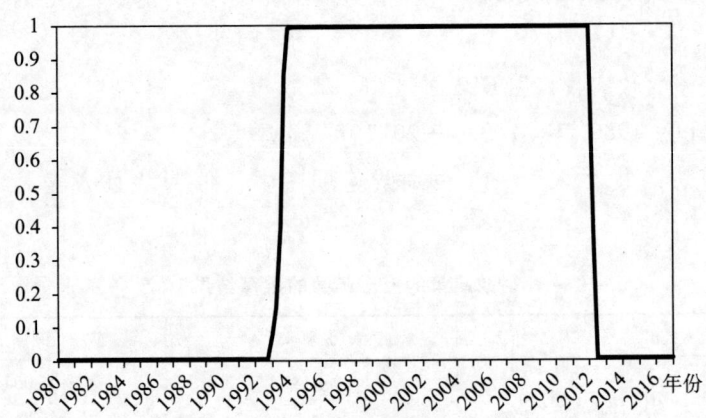

图 3　在财政政策（一般政府）的反应函数下的制度 1 的平滑概率
来源：根据 Doi（2018）的数据，作者画。

从图 3 我们可以看出，第 2 次安倍内阁成立以后，即 2013 年以后，日本的财政政策为制度 2。制度 2 既不是"非李嘉图财政政策"（制度 1），也不是"李嘉图财政政策"（起码可以说不完全是）。从这一点来看，这时并没有满足价格水平的财政决定理论的财政政策的前提。表 5 表示的是货币政策的反应函数（6）的推算结果。

被解释变量：次日活期存款利率（中期平均）。

推算期间：1980 年第 1 季度—2017 年第 1 季度。

推算方法：最大似然法（假设误差项遵循均值为 0 且方差为 σ^2 的正态分布）。

表 5   货币政策的反应函数的推算结果

	制度 1	制度 2
通货膨胀率	1.3379 *** (0.3082)	0.1294 * (0.0679)
GDP 缺口	0.4814 *** (0.0910)	0.1342 *** (0.0246)
实际有效汇率	0.0000 (0.0002)	0.0000 (0.0001)
σ	0.0109 *** (0.0808)	0.0021 *** (0.1323)
常数	0.0764 *** (0.0033)	0.0479 *** (0.0015)
时间趋势项	-0.0007 *** (0.0000)	-0.0003 *** (0.0000)
过渡概率	0.9752 (0.0403)	0.9676 (0.0469)
对数似然比	523.6	

注：括号内为标准误差。***、**、* 代表其显著性水平分别为 1%、5%、10%。

实际有效汇率为与 Hodrick – Prescott 滤波的偏离值。

来源：Doi (2018)。

在此基础之上，日本的货币政策，在每一个时期分别是在哪一种制度之下，其推算结果显示如图 4。从图 4 中我们可以得知，第 2 次安倍内阁成立以后，即 2013 年以后，日本的货币政策为制度 2。制度 2 可以说是被动型货币政策。这与价格水平的财政决定理论所设定的状态相符。

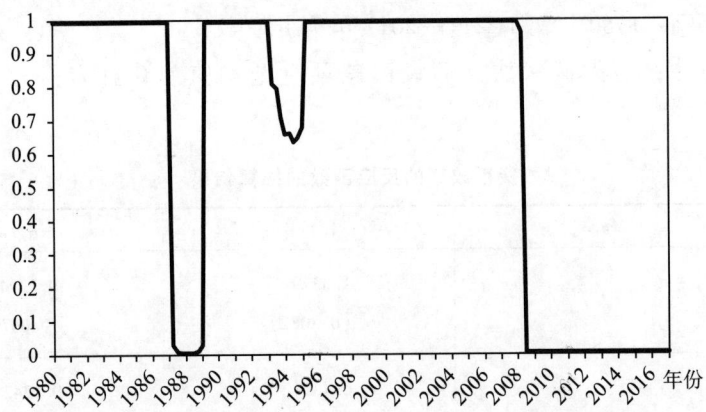

图 4　在货币政策的反应函数下的制度 1 的平滑概率

来源：根据 Doi（2018）的数据，作者画。

根据以上分析，由于第 2 次安倍内阁成立以后的财政货币政策中，采取的财政政策不是"非李嘉图财政政策"，所以在日本，价格水平的财政理论不成立。

6. 结语

本文分析了价格水平的财政理论的含义及其在日本的适用性。以 Sims（2016）为契机，许多研究开始讨论在 FTPL 理论下日本的财政货币政策应如何制定。但是，其中有些研究滥用 FTPL 的错误解释。本文经过分析，得出以下结论：如果基于 FTPL 理论，政府为了摆脱通缩减轻国民负担推迟偿还政府债务的话，那么当前的通货紧缩会更加严重；如果不改变国债的发行和偿还时间，只是增加目前的基础货币的话，会造成现在的物价水平降低。此外，即使 FTPL 成立，日本银行购买国债并不会对物价水平造成影响。

本文进一步探究了价格水平的财政理论在日本是否成立这一根源性的问题。采用"非李嘉图财政政策"和被动性货币政策组合的情况下，FTPL 理论成立。本文用马尔科夫转换模型检验了日本的财政政策与货币政策，得出第 2 次安倍内阁成立（2013 年）以后，虽然日本的货币政策是被动型的，但是财政政策不是完全的"非李嘉图财政政策"，因此日本的情况并不满足 FTPL 理论成立的前提。所以，在 FTPL 理论成立的前提下来讨论日本的财政货币政策是不合理的。

即便基于价格水平的财政理论进行论证，推迟偿还政府债务也不会有利于摆脱通缩。甚至，在不改变国债的发行和偿还时间的情况下，只是单纯地增加目前的基础货币，会使得现在的物价水平进一步降低。希望今后的研究不要再曲学阿世，而应建立在实际分析的基础上去探讨财政货币政策。

参考文献

[1] 井堀利宏・小西秀樹, 2016,『政治経済学で読み解く政府の行動』, 木鐸社.

[2] 土居丈朗, 2000,「我が国における国債管理政策と物価水準の財政理論」, 井堀利宏・加藤竜太・中野英夫・中里透・土居丈朗・佐藤正一「財政赤字の経済分析：中長期的視点からの考察」,『経済分析　政策研究の視点シリーズ』, 16号, pp. 169–211.

[3] 土居丈朗, 2008,「政府債務の持続可能性を担保する今後の財政運営のあり方に関するシミュレーション分析— Broda and Weinstein 論文の再檢証—」,『三田学会雑誌』, 100巻4号, pp. 131–160.

[4] 土居丈朗, 2017a,『入門｜財政学』, 日本評論社.

[5] 土居丈朗, 2017b,「財政政策—異次元緩和下の財政と進めるべき改革」, 池尾和人・幸田博人編著,『日本経済再生25年の計―金融・資本市場の新見取り図―』, 日本経済新聞出版社, pp. 47–83.

[6] 深尾光洋, 2007,「通貨発行益とは何か」,『日本経済研究センター会報』2007年9月号, pp. 62–63.

[7] 渡辺努・岩村充, 2004,『新しい物価理論』, 岩波書店.

[8] Davig T. and Leeper E. M., 2007, Fluctuating macro policies and the fiscal theory, in Acemoglu D, Rogoff K., and Woodford M. eds., *NBER Macroeconomics Annual 2006* MIT Press, pp. 247–298.

[9] Davig T. and Leeper E. M., 2011, Monetary–fiscal policy interactions and fiscal stimulus, *European Economic Review*, vol. 55, pp. 211–277.

[10] Doi, Takero, Takeo Hoshi, and Tatsuyoshi Okimoto, 2011, Japanese government debt and sustainability of fiscal policy, *Journal of the Japanese and International Economies* vol. 25, pp. 414–433.

[11] Doi, Takero, 2018, Is Abe's fiscal policy Ricardian?: What does the fiscal theory of prices mean for Japan?, *Asian Economic Policy Review* vol. 18, pp. 46–63.

[12] Leeper E. M., 1991, Equilibria under 'active' and 'passive' monetary and fiscal policies, *Journal of Monetary Economics* vol. 27, pp. 129–147.

[13] Sims C. A., 2016, Fiscal policy, monetary policy and central bank independence. presented at Jackson Hole Economic Policy Symposium, Federal Reserve Bank of Kansas City.